다시 오실
그리스도

가스펠 프로젝트

신약 6

다시 오실 그리스도

중고등부 교사용

지은이 · LifeWay Students
옮긴이 · 송진순
감수 · 김병훈, 류호성, 곽상학
발행일 · 2019년 7월 3일
등록번호 · 제1988-000080호
등록된 곳 · 서울특별시 용산구 서빙고로65길 38
발행처 · 사단법인 두란노서원
영업부 · 02-2078-3352, 3452, 3781, 3752 FAX 080-749-3705
편집부 · 02-2078-3437
디자인 · 땅콩프레스

책값은 뒤표지에 있습니다.
ISBN 978-89-531-3486-7 04230 / 978-89-531-3124-8(세트)

가스펠 프로젝트 홈페이지 · gospelproject.co.kr
두란노몰 · mall.duranno.com

차례

6

Come, Lord Jesus

발간사

두란노서원을 통해 라이프웨이(LifeWay)의 《가스펠 프로젝트》 성경 공부 교재 시리즈를 발간할 수 있도록 인도하신 하나님께 감사드립니다. 험한 소리로 가득한 세상에 이 책을 다릿돌처럼 놓습니다. 우리 삶은 말씀을 만난 소리로 풍성해져야 합니다. 주님을 만난 기쁨의 소리, 진실 앞에서 탄식하는 소리, 죄를 씻는 울음소리, 소망을 품은 기도 소리로 가득해야 합니다.

《가스펠 프로젝트》는 신구약을 관통하는 예수 그리스도의 복음을 발견하고, 그 가르침을 삶에 적용하는 지혜를 얻도록 기획한 성경 공부 교재입니다. 어린아이부터 어른에 이르기까지 생애주기에 따른 복음 메시지를 잘 배울 수 있습니다. 또한 거짓 진리가 미혹하는 이 시대에 건강한 신학과 바른 교리로 말씀을 조명하여 성도의 신앙이 좌로나 우로나 치우치지 않도록 돕습니다.

두란노서원은 지금까지 "오직 성경, 복음 중심, 초교파적 관점"을 바탕으로 한국 교회와 성도를 꾸준히 섬겨 왔습니다. 오직 성경의 정신에 입각해 책과 잡지를 출판해 왔으며, 성경에 근거한 복음 중심의 신학을 포기한 적이 없습니다. 그리고 교단과 교파를 초월하여 교회와 성도가 하나님 나라를 바라볼 수 있도록 돕기 위해 노력해 왔습니다. 《가스펠 프로젝트》는 두란노가 지켜 온 세 가지 가치를 충실하게 담은 책입니다.

성경은 구원을 위한 책이며, 구원사의 주인공은 예수 그리스도입니다. 창세기부터 요한계시록까지 오직 예수 그리스도의 복음만을 전하는 《가스펠 프로젝트》 성경 공부 교재를 통해 복음의 은혜와 진리를 깊이 경험하고, 복음 중심의 삶이 마음 판에 새겨지기를 바랍니다. 그리고 예수 그리스도 복음에 굳게 선 한 사람의 영향력이 가정과 교회와 사회에 흘러감으로써 거룩한 하나님 나라가 확산되어 가기를 소망합니다.

두란노서원 원장 이 형 기

감수사

두란노가 출간하는 《가스펠 프로젝트》는 무엇보다도 전통적으로 교회가 풀어 온 흐름을 충실히 따라 성경을 해설하고 있습니다. 그리고 그 방향은 궁극적으로 예수 그리스도를 향해 나아가고 있습니다. 이것은 예수님이 구약과 신약의 모든 성경이 자신을 가리키고 있다고 하신 말씀에 비추어 매우 타당한 것입니다. 게다가 그리스도 중심적 해설을 무리하게 전개하지 않습니다. 각 본문에서 하나님의 구원 언약과 그것을 실현하시는 하나님을 드러내면서, 그리스도의 예표적 설명이 가능한 사건을 놓치지 않고 풀어내고 있습니다.

성경 공부 교재는 명시적으로 혹은 암시적으로 제시하는 교리적 진술이 교리체계상 건전해야 합니다. 《가스펠 프로젝트》는 99개 조에 이르는 핵심 교리들을 일목요연하게 제시하여 교리의 건전성을 확인할 수 있도록 도움을 줍니다. 《가스펠 프로젝트》의 교리는 교파를 막론하고, 예수 그리스도의 복음에 충실한 복음주의 교회들에게 환영받을 만합니다. 물론 교파마다 약간의 이견을 갖는 부분이 있을 수 있겠지만 각 교회에서 교재를 활용하는 데에 무리가 없을 것으로 판단합니다. 《가스펠 프로젝트》의 특징은 각 과에서 학습한 내용을 핵심 교리와 연결해 주며, 그 결과 그리스도의 복음에 관련한 교리적 이해를 강화시킨다는 데에 있습니다.

끝으로 《가스펠 프로젝트》는 어떤 성경 주해서나 교리 학습서가 갖지 못하는 훌륭한 장점을 가지고 있습니다. 그것은 학습자를 하나님과 그리스도의 복음 앞으로 나오도록 이끌며 자신의 신앙과 삶을 돌아보도록 하는 적용의 적실성과 훈련의 효과입니다. 아울러 선교적 안목을 열어 주는 적용 질문을 더해 준 것은 《가스펠 프로젝트》에서 얻을 수 있는 커다란 유익입니다.

《가스펠 프로젝트》는 성경을 개괄적으로 매주 한 과씩, 3년의 기간 동안 일목요연하게, 그리고 그리스도 중심적으로 공부하도록 이끌어 준다는 점에서, 한국 교회의 기초를 성경 위에 놓는 일에 대단히 커다란 공헌을 할 것으로 믿어 의심치 않습니다.

김병훈 _ 합동신학대학원대학교 조직신학 교수

하나님의 말씀이 임하는 곳에는 회복의 역사가 있어서 죽은 뼈들도 힘줄이 생기고 살이 오릅니다(겔 37:8). 왜냐하면 하나님의 말씀은 그 자체에 능력이 있기 때문입니다(눅 1:37). 곧 하나님의 말씀은 살아 있고 활력이 있어 좌우에 날 선 어떤 검보다도 예리하여 혼과 영과 및 관절과 골수를 찔러 쪼개기까지 하며 또 마음의 생각과 뜻을 판단합니다(히 4:12). 이렇게 하나님의 말씀이 왕성해지면 국가는 자연적으로 정의와 사랑이 넘쳐나며(렘 9:24), 교회는 제자의 수가 많아지는 놀라운 부흥을 경험합니다(행 6:7). 결국 하나님의 말씀이 흘러넘쳐 온 우주를 적실 때에 악한 세력들은 모두 물러가고, 새 하늘과 새 땅이 우리에게 다가올 것입니다.

이를 위해 작은 등불의 역할을 할 《가스펠 프로젝트》는 다음과 같은 특징이 있습니다. 첫째는 성경 전체를 '그리스도 중심'으로 바라본 것입니다. 오실 그리스도(구약)와 오신 그리스도 그리고 앞으로 다시 오실 그리스도(신약)의 관점에서 구약성경과 신약성경을 서로 연결시켰습니다. 그래서 구약성경을 단지 유대 민족의 역사서로 보는 편협함에서 벗어나, 그 속에 담긴 놀라운 하나님의 구원 역사를 보게 합니다. 둘째는 같은 본문으로 교회와 가정 그리고 전 연령층에서 그리스도의 사랑을 배우게 합니다. 이는 특히 가정에서 부모와 자녀가 서로 신앙적으로 소통할 기회를 제공하고 사랑과 정의를 실천하는 성숙한 그리스도인으로 성장하도록 이끌어 줍니다. 셋째는 신학적 주제와 기초 교리를 이해하기 쉽게 설명한 것입니다. 그래서 사이비 이단이 번져 가는 상황에서 매우 중요한 영적 분별력을 향상시키는 데 도움을 줍니다. 넷째는 배운 것을 복음의 씨앗을 뿌리는 선교와 연결시키며 하나님이 주신 사명을 실천하도록 이끄는 것입니다. 이는 복음의 열정을 회복시켜 줍니다.

그러므로 모든 교단과 교파를 초월해서, 하나님의 섬세한 구원의 손길과 그리스도의 숭고한 십자가의 사랑 그리고 거룩함으로 인도하는 성령님의 인도하심을 배울 수 있을 것입니다. 그래서 《가스펠 프로젝트》를 통해 하나님의 말씀이 한반도에 흘러넘칠 뿐만 아니라, 복음의 열정을 품고 전 세계로 향하는 많은 전도자들을 세워 갈 것입니다.

류호성 _ 서울장신대학교 신약학 교수

✝ 일반적으로 교육의 3요소에 대해 교육 주체인 교사, 교육 객체인 학생, 교육 내용인 교육 과정(curriculum)이라고 말합니다. 기독교 교육 또한 교회 학교 교사나 가정의 부모가 교육 주체가 되어 다음 세대인 청소년들에게 복음이 담긴 성경을 가르치는 것입니다. 교육 과정을 제외하고는 공교육과 기독교 교육이 본질적으로 다를 수 없는데, 시대의 요청이나 학습자의 역량에 따라 교육 과정이 바뀌는 공교육과 달리, 성경이라는 절대 진리가 교육 과정인 기독교 교육은 수요자 중심의 창의적 상호 작용 등 교육 방법론에 취약점을 보인 것이 사실입니다.

《가스펠 프로젝트》는 객관론적인 인식론에 근거한 프로젝트 수업을 염두에 두었기 때문에, 안내하고 조력하는 교사의 역할 수행과 자연스럽고도 적극적인 학생들의 반응이 만나 성경의 내용을 '지금 그리고 여기'를 사는 '나'와 접목시켜 진지하게 대면하게 합니다. 매 과마다 청소년 설교 제목과 같은 감각적인 제목으로 문을 열고 들어가 'HIS STORY'를 만나게 됩니다. 그뿐 아니라 '연대표', '알짬 교리 99' 등은 다소 지루할 수 있는 성경의 이야기를 청소년 특유의 감성으로 풀어 주므로 그들의 지적 호기심을 채워 주기에 충분합니다. 또한 '그리스도와의 연결'로 구속사적 흐름을 놓치지 않고 그리스도의 복음을 충실히 따르고 있습니다. 영원불변하는 하나님의 말씀이 21세기에 대한민국에서 살아가는 중학생, 고등학생의 실제 이야기로 잘 구현되도록 한 'YOUR STORY', 그리고 '생각'과 '마음'이 어떻게 '행동'으로 이어지는가에 대한 'YOUR MISSION'은 성경 공부의 매우 중요한 연결 고리가 될 것입니다.

《가스펠 프로젝트》는 그리스도 중심의 성경 공부 교재이자, 성경 전체를 꿰뚫는 복음의 알파와 오메가로서 이 시대에 새로운 기독교 교육의 이정표가 될 것을 확신합니다.

곽상학 _ 온누리교회 차세대 교육 목사

우리 시대의 전 세계적 교회 부흥은 두 가지 샘을 가지고 있습니다. 한 샘은 오순절 부흥 운동의 샘입니다. 이 샘으로 많은 시대의 목마른 영혼들이 목마름을 해갈했습니다. 또 하나의 샘은 성경 연구의 샘입니다. 남침례교 주일학교 운동은 이 샘의 개척자입니다. 이 샘으로 지금도 많은 성도가 목마름을 해갈하고 있습니다. 미국 남침례교 라이프웨이 출판사는 이러한 사역을 충실히 감당해 왔습니다. 《가스펠 프로젝트》는 모든 필요를 공급하는 원천이 될 것입니다. 《가스펠 프로젝트》로 한국 교회의 목마름이 해갈되기를 기도합니다. 《가스펠 프로젝트》는 쉬우면서도 결코 피상적이지 않습니다. 믿음의 단계를 따라 하나님의 자녀들에게 꼭 필요한 복음의 진수를 맛보게 해 줄 것입니다. 이 체계적인 교재로 이 땅에 새로운 영적 르네상스가 일어나기를 기대합니다.

이동원 _ 지구촌교회 원로목사, 지구촌 미니스트리 네트워크 대표

성경은 그 깊이와 너비를 측량하기 어려운 광활한 바다입니다. 이 바다를 무턱 대고 항해하다 보면 장구한 역사의 파도와 다양한 문학 양식이라는 바람에 의해 표류하기 쉽습니다. 그런 점에서 《가스펠 프로젝트》는 참 훌륭한 나침반입니다. 건전한 교리를 바탕으로 성경 어디에서나 그리스도를 발견하도록 돕고, 복음이라는 항구에 이르도록 이끌어 줍니다. 구약시리즈뿐 아니라 신약시리즈 역시 말씀의 바다를 항해하는 모든 분들에게 큰 유익을 줄 것입니다. 기쁜 마음으로 추천합니다.

허요환 _ 안산제일교회 담임 목사

성경은 예수 그리스도를 중심으로 하는 하나님의 구원 이야기입니다. 성경을 가르치는 일은 하나님의 구원에 동참하는 하나님의 사람을 만드는 일이며, 하나님의 사람의 탁월한 모델은 바로 예수 그리스도입니다. 《가스펠 프로젝트》는 예수 그리스도를 중심으로 성경을 배웁니다. 성경이 어떻게 그리스도와 연결되어 있는지, 또 성도의 삶이 그리스도를 중심으로 하는 하나님의 구원 계획에 어떻게 연결되어야 하는지 구체적으로 제시합니다.

특히 《가스펠 프로젝트》는 하나의 본문을 각 연령에 맞게 구성한 교재를 제공해 하나의 본문으로 전 세대를 연결하고, 가정과 교회를 하나 되게 합니다. 신앙의 전수가 중요한 시대에 성도와 교회와 가정이 한마음으로 다음 세대를 준비시키기에 적합합니다. 특히 가정에서 부모가 자녀와 말씀으로 대화를 나눌 수 있게 해 자녀 신앙 교육에 도움이 될 것입니다.

《가스펠 프로젝트》가 주일학교부터 장년에 이르기까지 전 교회와 성도의 각 가정에서 사용되어 예수 그리스도를 통한 하나님의 가스펠 프로젝트가 성취되기를 기도하면서 기쁨과 확신으로 추천합니다.

이재훈 _ 온누리교회 담임 목사

✠　　《가스펠 프로젝트》는 성경을 예수 그리스도 중심으로 심도 있게 살피도록 도우면서, 또한 그것을 이야기 형식으로 제시하며 실질적으로 적용하도록 이끄는 탁월함이 보입니다. 이는 청소년들이 자연스럽게 주변 또래들에게 자신이 경험한 예수 그리스도와 복음에 대해 나눌 수 있게 합니다.

왕동식 _ 서울YFC(십대선교회) 대표, 청소년사역자협의회 회장

✠　　《가스펠 프로젝트》는 복음주의적인 관점에서 성경을 이해하며 성경적 가치관을 형성하는 데 큰 도움을 줍니다. 특히 예수 그리스도를 모든 과에서 그 중심에 두어 구속사적으로 이해할 수 있도록 돕습니다. 또한 각 과별 주제도 친근할 뿐 아니라 다음 세대의 눈높이에 맞추고 있어서 적극 추천합니다.

황성건 _ (사)청소년선교횃불 대표, 소금과빛 국제학교 운영 이사

✠　　사역 현장에서는 하나님의 말씀을 효율적으로 가르칠 수 있는 좋은 방법과 교재에 늘 목말라 합니다. 그런 점에서 그 필요를 잘 충족해 줄 교재가 출간되어 기쁜 마음으로 추천합니다.

김운용 _ 장로회신학대학교 실천신학 교수

✠　　《가스펠 프로젝트》는 하나님의 말씀으로 우리를 초청해서 예수 그리스도를 만나게 하고 사랑하게 만드는 훌륭한 교재입니다. 자녀들이 교회 학교에서, 부모들이 소그룹에서 말씀을 공부한 후에 저녁 식탁에 둘러앉아 예수님에 대해 함께 나눌 수 있다는 것은, 상상만 해도 너무나도 멋지고 복된 일입니다.

김지철 _ 전 소망교회 담임 목사

✠　　성경이 가르치는 구원의 도리인 교리를 성경 본문을 통해 배우기가 쉽지 않기 때문에 좋은 안내서가 필요합니다. 《가스펠 프로젝트》는 이와 같은 역할을 탁월하게 수행하고 있기 때문에 기쁜 마음으로 추천합니다.

이성호 _ 고려신학대학원 역사신학 교수

✠　　《가스펠 프로젝트》는 어린이부터 장년까지 성경에서 예수님이라는 보석을 찾는 눈을 활짝 열어 주는 놀라운 교재입니다. 각 연령대에 맞게 구성된 본 교재를 통해 예수님을 다시 발견하고 한국 교회가 더욱 견고하게 되기를 바랍니다.

최병락 _ 강남중앙침례교회 담임 목사

일러두기

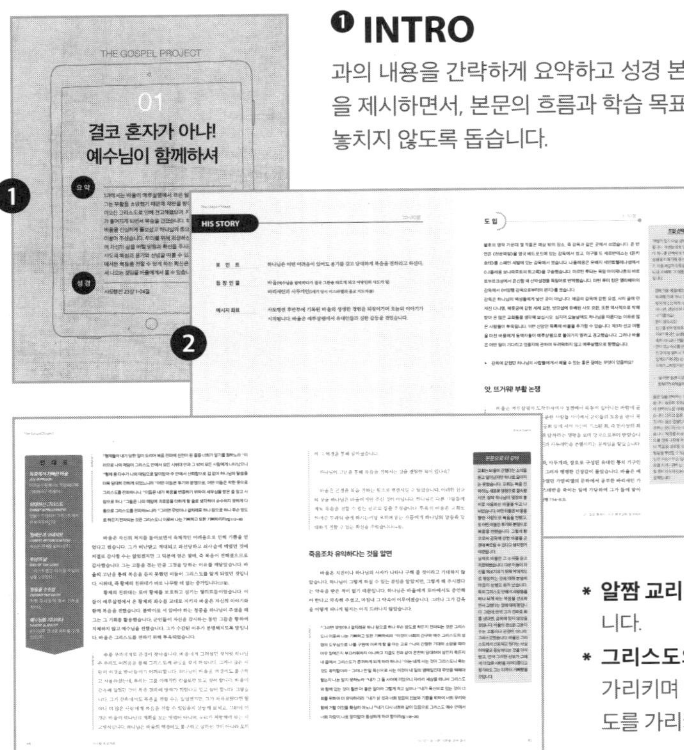

❶ INTRO

과의 내용을 간략하게 요약하고 성경 본문을 제시하면서, 본문의 흐름과 학습 목표를 놓치지 않도록 돕습니다.

❷ HIS STORY

하나님의 구속사에 초점을 맞춰 성경을 이해하도록 하며, 다음과 같은 특징이 있습니다.

* **students** 왼편에 'students' 글씨와 함께 회색 세로줄이 있는 단락은 학생용 교재와 동일한 부분입니다. 학생용 교재의 모든 내용이 교사용에도 실려 있습니다.
* **연대표** 성경을 시간 순으로 이해하도록 살피는 표로, 학생용 교재에서는 그림도 함께 제공합니다.
* **본문으로 더 깊이** 이야기 속으로 더 깊이 들어가도록 돕는 성경 주해입니다. 이 자료를 어떤 식으로 활용할 것인지는 교사의 재량에 달려 있으며, 참고만 해도 괜찮습니다.
* **알짬 교리 99** 매 과의 본문 내용과 관련된 기독교 핵심 교리입니다.
* **그리스도와의 연결** 각 과의 주제가 어떻게 예수 그리스도를 가리키며 연결되는지 살피는데, 이를 통해 모든 성경이 그리스도를 가리키고 있음을 강조해 줍니다.

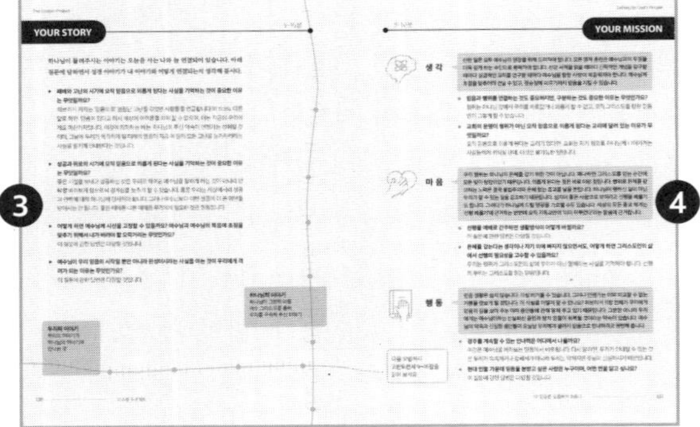

❸ YOUR STORY

하나님이 과거에 행하신 일을 오늘날과, 그리고 우리 자신과 연결하도록 돕는 토론 질문을 제시합니다. 매 질문마다 교사에게 주는 조언이 첨부되어 있습니다.

❹ YOUR MISSION

그리스도인으로서 어떻게 살아가야 할지 하나님의 이야기를 통해 생각하고 변화를 경험하도록 이끕니다. 단순한 성경 공부를 넘어 사명감을 가지고 이 세상을 살아가야 할 것을 강조하면서 하나님의 부르심에 참여하도록 돕습니다.

가스펠 프로젝트 홈페이지 자료실 gospelproject.co.kr 에 있는 다양한 자료를 활용해 보세요.

* - **십대와 나누는 믿음의 대화** 학생들과 폭넓게 나눌 수 있도록 본문의 요점, 질문, 명언을 제시합니다.
  - **교사 지도 가이드** 교사에게 필요한 본문에 대한 설명과 지도 방향 등을 동영상으로 제공합니다.
  - **가족성경읽기표** 본문에도 나오는 연대기적 성경 통독 일정이, 온가족이 보기 좋게 정리되어 있습니다.

교사 지도 가이드

01

결코 혼자가 아냐!
예수님이 함께하셔

요약

1과에서는 바울이 예루살렘에서 겪은 일을 살펴볼 것입니다. 그는 부활을 소망했기 때문에 재판을 받아야 했고, 감옥에 찾아오신 그리스도로 인해 견고해졌으며, 자신을 죽이려는 음모가 틀어지게 되면서 목숨을 건졌습니다. 하나님은 감옥에 갇힌 바울을 신실하게 돌보셨고 하나님의 종으로서 일할 수 있도록 이끌어 주셨습니다. 우리를 위해 희생하신 그리스도를 바라보며 자신의 삶을 버릴 믿음과 확신을 주시길 간구할 때, 우리는 사도의 뚝심과 용기와 신념을 따를 수 있게 됩니다. 어떤 상황에서든 복음을 전할 수 있게 하는 확신은 부활에 대한 소망에서 나오는 것임을 바울에게서 볼 수 있습니다.

성 경

사도행전 23장 1~24절

HIS STORY

포 인 트	하나님은 어떤 어려움이 있어도 용기를 갖고 담대하게 복음을 전하라고 하신다.
등 장 인 물	바울(예수님을 핍박하다가 결국 그분을 따르게 되고 이방인의 사도가 됨) 바리새인과 사두개인(1세기 당시 이스라엘의 종교 지도자들)
메시지 좌표	사도행전 후반부에 기록된 바울의 생생한 경험을 되짚어가며 오늘의 이야기가 시작됩니다. 바울은 예루살렘에서 유대인들과 심한 갈등을 겪었습니다.

도 입   5~10분

불후의 명작 가운데 몇 작품은 예상 밖의 장소, 즉 감옥과 같은 곳에서 쓰였습니다. 존 번연은 《천로역정》을 영국 베드포드에 있는 감옥에서 썼고, 미구엘 드 세르반테스는 《돈키호테》를 스페인 세빌에 있는 감옥에서 썼습니다. 나폴레옹은 유배지 세인트헬레나섬에서 《나폴레옹 보나파르트의 회고록》을 구술했습니다. 마르틴 루터는 독일 아이제나흐의 바르트부르크성에서 은신할 때 신약성경을 독일어로 번역했습니다. 마틴 루터 킹은 앨라배마의 감옥에서 《버밍햄 감옥으로부터의 편지》를 썼습니다.

감옥은 하나님의 백성들에게 낯선 곳이 아닙니다. 애굽의 감옥에 갇힌 요셉, 사자 굴에 던져진 다니엘, 헤롯궁에 갇힌 세례 요한, 밧모섬에 유배된 사도 요한, 그리고 역사적으로 박해받아 온 많은 교회들을 생각해 보십시오. 심지어 오늘날에도 하나님을 따른다는 이유로 많은 사람들이 투옥됩니다. 이런 신앙인 목록에 바울을 추가할 수 있습니다. 제3차 선교 여행을 마친 바울에게 동역자들이 예루살렘으로 돌아가지 말라고 경고했습니다. 그러나 바울은 어떤 일이 기다리고 있을지에 관하여 두려워하지 않고 예루살렘으로 향했습니다.

▶   감옥에 갇혔던 하나님의 사람들에게서 배울 수 있는 좋은 점에는 무엇이 있을까요?

앗, 뜨거워! 부활 논쟁

바울은 예루살렘에 도착하자마자 성전에서 폭동이 일어나는 바람에 곧 체포되었습니다. 바울은 흥분한 사람들 사이에서 군인들의 도움을 받아 목숨을 건질 수 있었고, 유대 공회 앞에 서서 자신이 기소된 죄, 즉 민사상의 죄가 아닌 율법의 위반에 관해 답하라는 명령을 로마 당국으로부터 받았습니다. 바울은 부활이 바리새인과 사두개인을 분열시키는 문제임을 알았습니다.

바울이 70인의 바리새파, 사두개파, 장로로 구성된 유대인 통치 기구인 공회(산헤드린) 앞에 섰습니다. 그러자 팽팽한 긴장감이 돌았습니다. 바울은 예루살렘에서 당대 유명한 교사였던 가말리엘의 문하에서 공부한 바리새인 가운데 한 명이었습니다. 그는 스데반을 죽이는 일에 가담하여 그가 돌에 맞아 죽는 것을 본 사람이었습니다 (행 7:54~8:3).

도입 선택

'어떻게 할지 마음 정하기' 활동을 합니다. 학생들에게 두 가지 가운데 하나를 선택해야 하는 곤란한 상황을 이야기해 주는데, 선택하기 차츰 어렵게 상황을 제시해 줍니다. 아래에 그 예를 몇 가지 드립니다.

- 집에 먹을 게 없네요!
  학교에 가야 하니 등굣길에 식당에서 든든하게 사 먹을까요? 아니면, 편의점에서 간단하게 사 먹을까요?
- 돈이 생겼네요!
  친구를 위해 영화표나 저녁을 살까요? 아니면 동생을 위해 생일 축하 케이크나 선물을 살까요?
- 깜박 잊고 숙제를 안 했네요!
  친구에게 빌려서 재빠르게 베낄까요? 아니면 선생님에게 솔직하게 고백할까요?

• *왜 어떤 일은 다른 일보다 결정하기가 어려울까요?*

옳은 일을 선택하는 것은 쉽지 않습니다. 동등하게 중요한 일 가운데 선택해야 할 때에는 더욱 그렇습니다. 그리고 옳은 선택을 하는 것보다, 옳은 결정인지 아닌지 구경하는 것이 때로는 더 쉬울 수 있습니다. 복음을 따르겠다는 결정으로 인해 나중에 어려움을 겪거나 복음을 변호할 수 있고, 혹은 믿음을 부인할 수 있습니다. 하나님은 우리가 무슨 일이 있어도 복음을 지키기 원하십니다. '나는 그럴 준비가 되어 있는가' 하는 것이 문제입니다.

그러나 상황이 역전되어 바울은 예수 그리스도를 전하는 교회를 더 이상 핍박하지 않았고 오히려 핍박받는 자가 되었습니다. 그런 그가 유대 지도자들 앞에 섰습니다. 그들은 바울을 비난하면서 거짓 증언을 할까요? 로마 당국은 그를 처형하도록 허락할까요? 과연 어떤 결과가 빚어질까요?

[1]바울이 공회를 주목하여 이르되 여러분 형제들아 오늘까지 나는 범사에 양심을 따라 하나님을 섬겼노라 하거늘 [2]대제사장 아나니아가 바울 곁에 서 있는 사람들에게 그 입을 치라 명하니 [3]바울이 이르되 회칠한 담이여 하나님이 너를 치시리로다 네가 나를 율법대로 심판한다고 앉아서 율법을 어기고 나를 치라 하느냐 하니 [4]곁에 선 사람들이 말하되 하나님의 대제사장을 네가 욕하느냐 [5]바울이 이르되 형제들아 나는 그가 대제사장인 줄 알지 못하였노라 기록하였으되 너의 백성의 관리를 비방하지 말라 하였느니라 하더라 [6]바울이 그중 일부는 사두개인이요 다른 일부는 바리새인인 줄 알고 공회에서 외쳐 이르되 여러분 형제들아 나는 바리새인이요 또 바리새인의 아들이라 죽은 자의 소망 곧 부활로 말미암아 내가 심문을 받노라 [7]그 말을 한즉 바리새인과 사두개인 사이에 다툼이 생겨 무리가 나누어지니 [8]이는 사두개인은 부활도 없고 천사도 없고 영도 없다 하고 바리새인은 다 있다 함이라 [9]크게 떠들새 바리새인 편에서 몇 서기관이 일어나 다투어 이르되 우리가 이 사람을 보니 악한 것이 없도다 혹 영이나 혹 천사가 그에게 말하였으면 어찌하겠느냐 하여 [10]큰 분쟁이 생기니 천부장은 바울이 그들에게 찢겨질까 하여 군인을 명하여 내려가 무리 가운데서 빼앗아 가지고 영내로 들어가라 하니라(행 23:1~10)

그날 바울에게는 모든 권력을 쥔 듯한 공회에서 사용할 비밀 무기가 있었습니다. 종교적, 정치적으로 대립하던 바리새인과 사두개인은 특히 부활 문제에 관해서 매우 민감했습니다. 바리새인은 부활을 믿는 반면, 사두개인은 부활을 부인했기 때문입니다(마 22:23; 행 4:1~2). 바울은 '분할 정복'이라는 오래된 군사 전략을 묘수로 사용했습니다. 그가 체포되어 재판받게 된 이유가 바로 부활에 대한 소망 때문임을 간결하게 선포한 것입니다. 그리고 바리새인들에게 바울 자신이 바리새인이요 바리새인의 후손임을 상기시켰습니다.

그러자 그곳 사람들 사이에 쐐기가 박힌 것처럼 바리새인과 사두개인으로 나뉘어 열띤 논쟁이 시작되었습니다. 바리새인들은 부활을 옹호하며 바울을 비난할 이유가 없다고 주장했습니다. 다툼이 격렬해지자 군인들은 바울의 안전을 고려해 그를 급히 영내로 들여보냈습니다. 그렇게 재판이 무산되자 로마 당국은 바울을 실제 사형에 처할 수도 있는 죄, 즉 시민 반란죄로 기소할 수 없게 되었습니다.

부활에 대한 신념의 차이를 이용해 산헤드린을 혼란에 빠뜨린 바울의 선택이 현명한 결정이었다고 생각하나요? 그 이유는 무엇인가요?

바울아, 내가 함께하니 담대하라

영내에 있던 바울에게 놀라운 방문자가 찾아와서 격려해 주었습니다.

[11]그날 밤에 주께서 바울 곁에 서서 이르시되 담대하라 네가 예루살렘에서 나의 일을 증언한 것같이 로마에서도 증언하여야 하리라 하시니라 (행 23:11)

바울이 지금 당하는 일은 예수님도 이미 아주 잘 아시는 일이었습니다. 예수님 역시 고소당하여 공회 앞에서 매를 맞고 사형 선고를 받으신 적이 있기 때문입니다 (마 26:57~67). 그래서 예수님은 그날 밤 사도 바울의 감옥을 친히 방문하셔서 그의 고통에 공감하며 그에게 용기를 북돋워 주셨습니다.

감옥에 갇힌 바울에게 그 누구보다도 힘이 되는 존재는 바로 부활하신 그리스도이십니다. 그날 낮에 바울은 예수님을 옹호하여 맞선 바 있습니다. 예수님은 그런 바울에게 직접 약속을 주심으로써 그가 소망과 확신 가운데 공회 재판정에 서게 하셨습니다. 그는 예수님의 존재를 강하게 경험할 수 있었습니다.

어려움을 겪을 때 그리스도의 임하심을 경험하고 위로와 격려를 받은 적이 있나요?

유사한 본문과 비교하며 차이점에 주목해 봅시다. 사도행전 9장 3절처럼 예수님은 바울의 머리 위 하늘에서 나타나시지 않았습니다. 또한 고린도후서 12장 2절에서 읽을 수 있듯이 바울을 셋째 하늘로 이끄시지도 않았습니다. 그리스도께서는 "바울 곁에 서서" 말씀하셨습니다. 하나님의 아들이 친히 가까이 오셨습니다. 실제로 일어난, 우리가 모른 척할 수 없는 사실입니다. 게다가 그 일은 감옥 안에서 일어났습니다. 다메섹 길에서 고개를 들어 보았던 그리스도께서 직접 그를 위로해 주셨습니다. 그리고 예루살렘에 갈 때뿐만 아니라 로마에 갈 때에도 보호해 주겠다고 약속하셨습니다.

감옥에 갇힐 때마다 언제나 예수님이 나타나서 구해 주시는 것은 아닙니다. 물론 우리는 그렇게 해 주시길 바라겠지만, 예수님은 우리를 위해 그보다 더 좋은 일을 행하십니다. 쇠창살 안으로 들어와 우리와 함께하시고, 우리를 위해 또한 우리로 인해 고통당하십니다.

하나님은 바울이 앞으로 닥칠 일에 대비할 수 있는 시간을 갖게 하셨습니다. 예루살렘 감옥에서 로마 감옥 생활을 준비하게 하신 것입니다. 바울은 신약성경에 실릴 서신서들을 로마 감옥에서 쓰게 될 것입니다. 결국에는, 예수 그리스도를 위해 고난당해 온 수 세대의 수많은 그리스도인들이 바울의 고난을 통해 위로를 받고 교화되었으며 더욱 강해졌습니다. 그리스도께서는 바울을 감옥에 홀로 두지 않으셨습니다. 그가 딛는 걸음마다 늘 그와 함께 바로 그 자리에 계셨습니다.

상황이란 언제든 역전될 수 있지

그러나 유대인들과의 일은 아직 끝나지 않았습니다. 사실, 사도 바울을 죽이려는 그들의 음모는 매우 빠르게 진전되는 것 같아 보입니다.

¹²날이 새매 유대인들이 당을 지어 맹세하되 바울을 죽이기 전에는 먹지도 아니하고 마시지도 아니하겠다 하고 ¹³이같이 동맹한 자가 사십여 명이더라 ¹⁴대제사장들과 장로들에게 가서 말하되 우리가 바울을 죽이기 전에는 아무것도 먹지 않기로 굳게 맹세하였으니 ¹⁵이제 너희는 그의 사실을 더 자세히 물어보려는 척하면서 공회와 함께 천부장에게 청하여 바울을 너희에게로 데리고 내려오게 하라 우리는 그가 가까이 오기 전에 죽이기로 준비하였노라 하더니 (행 23:12~15)

40명이 넘는 유대인들이 모여서 바울을 죽이기로 굳게 결의했습니다. 심지어 이 일을 끝내기 전에는 아무것도 먹지 않겠다고 다짐하며 헌신했습니다.

바울은 이러한 절망적인 상황에서 스스로 벗어날 수 없습니다. 그러나 예수님은 그 일을 하실 수 있습니다. 바울을 대상으로 한 완벽해 보이는 살해 계획을 하나님이 어떻게 해결해 나가시는지 살펴봅시다.

[16]바울의 생질이 그들이 매복하여 있다 함을 듣고 와서 영내에 들어가 바울에게 알린지라 [17]바울이 한 백부장을 청하여 이르되 이 청년을 천부장에게로 인도하라 그에게 무슨 할 말이 있다 하니 [18]천부장에게로 데리고 가서 이르되 죄수 바울이 나를 불러 이 청년이 당신께 할 말이 있다 하여 데리고 가기를 청하더이다 하매 [19]천부장이 그의 손을 잡고 물러가서 조용히 묻되 내게 할 말이 무엇이냐 [20]대답하되 유대인들이 공모하기를 그들이 바울에 대하여 더 자세한 것을 묻기 위함이라 하고 내일 그를 데리고 공회로 내려오기를 당신께 청하자 하였으니 [21]당신은 그들의 청함을 따르지 마옵소서 그들 중에서 바울을 죽이기 전에는 먹지도 않고 마시지도 않기로 맹세한 자 사십여 명이 그를 죽이려고 숨어서 지금 다 준비하고 당신의 허락만 기다리나이다 하니 [22]이에 천부장이 청년을 보내며 경계하되 이 일을 내게 알렸다고 아무에게도 이르지 말라 하고(행 23:16~22)

바울의 생질, 즉 조카는 누구일까요? 누가는 우리에게 말해 주지 않았지만, 바울에게는 예루살렘에 사는 누이와 유대 지도자가 되기 위해 공부하는 그녀의 아들이 있었을 것입니다. 그러나 그의 이름이나 계급은 알 수 없고, 그가 삼촌 바울을 죽이려는 계획을 어떻게 알아냈는지도 알 수 없습니다.

다만 우리가 아는 것은, 하나님이 역사의 흐름을 바꾸시는 때에 종종 의외의 인물을 사용하신다는 사실입니다. 살인자이며 말재주가 없던 모세를 생각해 보세요. 간통자와 살인자가 되는 양치기 소년 다윗, 거친 말을 일삼던 이사야와 젊은 예레미야도 있습니다. 또한 라합, 룻, 에스더도 생각해 보세요.

사실 바울이야말로 종교적 광신도로서 가망 없는 인물이었지만 결국 복음 선교사가 되었습니다. 사회 부적응자, 부랑자, 바울의 생질과 같이 익명의 사람을 사용하셔서 하나님은 기이한 일을 성취하시고 이것을 기뻐하십니다. 그리고 이와 같은 방식으로 기꺼이 우리를 사용하십니다.

하나님이 누구든지, 심지어 과거에 큰 잘못을 저질렀다 해도 그를 의미 있게 사용하실 수 있다는 사실이 우리에게 용기를 주는 이유는 무엇일까요?

[23]백부장 둘을 불러 이르되 밤 제 삼 시에 가이사랴까지 갈 보병 이백 명과 기병 칠십 명과 창병 이백 명을 준비하라 하고 [24]또 바울을 태워 총독 벨릭스에게로 무사히 보내기 위하여 짐승을 준비하라 명하며(행 23:23~24)

바울의 조카가 자기 삼촌을 죽이려는 음모를 저지하고 나자 천부장이 예루살렘에서 약 120km 떨어진 해안 도시로 바울을 호송하기 위해 군대를 급파했습니다. 호송은 밤 9시, 어둠을 틈타 이루어졌습니다. 각 100명의 보병을 거느린 두 백부장이 기병대와 함께 출발했습니다. 한때 죽을 위기에 처했던 죄수 바울이 이제는 귀히 모실 인물이 된 것입니다.

알짬 교리 **99**

신실하신 하나님

하나님의 신실하심은 하나님이 늘 그분의 말씀을 지키시고 그분의 약속을 성취하심을 의미합니다(고전 1:9; 딤후 2:13; 벧전 4:19). 아브라함과 이삭과 야곱에게 하셨던 약속을 성취하신 데서 하나님의 신실하심을 볼 수 있습니다. 사도 바울은 '신실하심'(미쁘심)이라는 속성을 하나님이 자신의 말씀을 성취하시는 것과 연결하면서 "너희를 부르시는 이는 미쁘시니 그가 또한 이루시리라"(살전 5:24)라고 말합니다. 우리가 하나님과 사람들에게 한 약속을 지킬 때, 우리를 통해 하나님의 성품이 드러나게 됩니다.

그리스도와의 연결

예수님이 사도 바울을 친히 찾아오셔서 격려해 주신 것처럼 하나님은 태초부터 그분의 백성을 가까이해 오셨습니다. 하나님은 에덴동산에서 첫 사람들과 함께하셨으며, 성막과 성전에서도 그분의 백성을 가까이하셨습니다. 성육신하신 예수님이 그분의 백성에게 친히 찾아오신 것은 가장 직접적이고도 생생한 일입니다. 예수님은 우리 가운데 거하여 우리의 고난에 참여할 수 있는 대제사장이 되셨습니다.

YOUR STORY

하나님이 들려주시는 이야기는 오늘을 사는 나와 늘 연결되어 있습니다. 아래 질문에 답하면서 성경 이야기가 내 이야기와 어떻게 연결되는지 생각해 봅시다.

▶ **어려움을 만났을 때, 성령님이 늘 우리와 함께하신다는 사실을 아는 것은 어떤 의미가 있을까요?**

우리 안에 계신 성령님은 우리가 경배하는 하나님과 직접 연결된 분입니다. 성령님이 우리와 함께하신다는 것은 우리의 느낌과 관계없이 하나님이 우리를 버리지 않으신다는 것을 의미합니다. 예수님은 우리와 함께하겠다고 약속하셨으며, 그 약속의 증거가 바로 성령님의 임하심입니다.

▶ **어려운 일을 겪는 우리를 격려하고자 하나님이 놀라운 일을 행하실 수 있음을 우리는 어떻게 알 수 있을까요? 고난과 아픔을 느낄 때 하나님이 엄청난 일을 행하시는 것을 경험한 적이 있나요?**

이 질문에 관한 답변은 다양할 것입니다.

▶ **하나님이 여러분의 삶을 변화시키기 위해 사용하신 사람은 누구인가요? 주일학교 선생님인가요? 부모님인가요? 공동체의 지도자인가요? 학교 선생님인가요?**

이 질문에 관한 답변은 다양할 것입니다.

▶ **하나님은 다른 사람들의 삶에 영향을 주기 위해 어떤 방식으로 나를 사용하셨나요? 또는 앞으로 어떤 방식으로 나를 사용하실 수 있을까요?**

소그룹 리더가 되게 하거나, 친구에게 성경 말씀을 전하게 하거나, 누군가를 제자로 삼게 하거나, 집에서 성경 공부를 시작하게 하여 우리를 사용하실 수 있습니다.

하나님의 이야기
하나님이 그분의 아들
예수 그리스도를 통해
우리를 구속해 주신 이야기

우리의 이야기
우리의 이야기가
하나님의 이야기와
만나는 곳

YOUR MISSION

생 각

재판에서 핵심 논쟁은 죽은 자의 부활이었습니다. 바울은 부활을 이론적 교리로만 여기지 않았고, 그리스도께서 부활하셨으며 그리스도와 그분을 믿는 모든 사람이 다시 살아날 것이라는 믿음과 소망을 갖고 있었습니다. 부활에 대한 소망이 있었기에 예수님을 신뢰했고, 박해와 매 맞음과 파선과 굶주림을 견딜 수 있었습니다. 이처럼 그리스도의 부활은 사망이 쏘는 것(고전:55)을 없앴고, 자기 목숨을 지키려는 욕망으로부터 자유롭게 했습니다.

- **수 세기의 어려운 시기를 거쳐도 부활의 교리를 통해 그리스도인들이 버틸 수 있었던 이유는 무엇일까요?**
  아무리 이 땅에서의 삶 대신 믿음을 붙들며 극적인 희생을 해야 할지라도, 예수님이 언젠가 부활하실 때 몸과 영혼을 재결합하심을 아는 것은 우리 앞에 놓인 어려운 상황을 직면할 수 있는 희망을 줍니다.

- **오늘날 우리가 온갖 문제와 씨름할 때 부활의 실재는 우리에게 어떤 도움을 줄까요?**
  죽을 수밖에 없는 인간의 운명을 넓은 시각에서 바라볼 수 있게 합니다. 언젠가 죽는다는 사실이 슬퍼도 낙담하지 않는 것은 그리스도와 함께 부활할 것을 알기 때문입니다.

마 음

사도행전 23장의 빠른 이야기 전개는 바울에게 무슨 일이 일어났는지 뿐만 아니라 그의 내면에서 어떤 일이 벌어지고 있는지도 보여 줍니다. 이 힘들고 어려운 순간을 지나며 바울은 하나님의 은혜로 변화되어 갔습니다. 한때 예수님께 대적하여 그분의 제자들을 죽음으로 몰아갔던 바울이 이제는 죽임당할 위험을 무릅쓰고 공회 앞에서 담대하게 복음을 선포한 것입니다. 바울은 예수님을 대적하는 대신에 예수님을 믿었습니다.

- **그리스도를 믿음으로써 담대했던 바울의 이야기를 통해 어떤 교훈을 얻게 되나요?**
  이 질문에 관한 답변은 다양할 것입니다.

- **사도행전 23장 1~6절에서 볼 수 있는 바울의 특징은 무엇인가요? 이러한 특징은 우리 삶의 어떤 영역에서 필요할까요?**
  바울은 양심적인 사람(1절), 예언적인 사람(3절), 성경 말씀을 경외하는 사람(5절), 전략적이며 진솔한 사람이었습니다(6절). 두 번째 질문에 관한 답변은 다양할 것입니다.

행 동

바울이 자신을 고발한 자들에게 복음을 전하기 위해 담대했던 것처럼, 우리도 날마다 용감하고 담대하게 살아가야 합니다. 그런데 바울이 담대했다 해도 그것은 바울의 힘으로 된 것이 아니었습니다. 예수님을 믿을 때 그리스도로 인해 그의 안에서 이러한 태도가 자랄 수 있었습니다. 그리고 예수님은 우리에게도 마찬가지로 이것을 이루어 가십니다.

- **담대하게 복음을 전했던 때에 대해 서로 이야기해 보세요.**
  다양하게 답할 수 있겠지만, 누구에게 복음을 전했으며 그 사람이 비판적인 태도를 보일 때 어떻게 믿음을 옹호했는지를 이야기하게 합니다.

- **용기의 필요성을 말할 때 예수님과의 관계를 강조하는 것이 중요하다고 생각하나요?**
  진정한 용기는 우리로부터가 아니라, 예수님께 사로잡힌 마음에서 우러나오는 것입니다.

다음 모임까지
고린도후서 1~13장을
읽어 보세요.

02

세상의 왕이 아니라 참된 왕을 바라봐

요약

사도 바울은 예루살렘에서 극적으로 구출된 후에 가이사랴 법정에서 자신을 변호해야 했습니다. 하나님은 용기, 율법에 관한 전문 지식, 그리고 세 통치자의 특징을 파악하는 영리함을 가진 바울을 사용하셨습니다. 벨릭스는 타락한 총독이었고, 베스도는 줏대가 없는 총독이었으며, 아그립바는 쉽게 설득되지 않는 왕이었습니다. 바울은 재판에 회부된 피고인이었지만, 하나님은 그의 증언을 통해 상황을 역전시키셨고 세속의 왕들을 곤경에 빠뜨리셨습니다. 바울은 거짓 고발과 불공정한 구형과 심지어 살해 위협에도 아랑곳하지 않았고, 명확하고 용기 있는 신념으로 복음을 전할 기회를 매 순간 놓치지 않았습니다.

성 경

사도행전 24장 22~27절; 25장 1~12절; 26장 24~32절

HIS STORY

포 인 트

하나님은 우리 자신이 처한 상황보다 다른 사람의 구원에 더 관심을 기울이기 원하신다.

등 장 인 물

바울(예수님을 핍박하다가 결국 그분을 따르게 되고 이방인의 사도가 됨)

벨릭스(바울이 체포되었을 당시 로마 제국의 유대 총독)

베스도(벨릭스의 후임자)

아그립바(헤롯왕의 증손. 가이사에게 보내기 전에 바울을 심문함)

메시지 좌표

바울은 난폭해진 무리를 하나님의 은혜로 피할 수는 있었지만, 위기에서 벗어나지는 못했습니다. 그는 변론을 스스로 펼쳐야 했고 공개 법정에서 고소인들과 대면해야 했습니다. 바울은 이러한 극적인 사건과 문제의 한가운데에 서 있었지만 오로지 예수 그리스도께만 집중했습니다.

도 입   5~10분

사람들은 정체성을 자신이 하는 일과 연결해 이해하려고 합니다. "나는 수영 선수야." "나는 올해 졸업생 대표의 친구야." 소유나 소유하고 싶은 것을 중심으로 정체성을 받아들이기도 합니다. 예를 들어, 새 옷이나 최신 비디오 게임 같은 것들로 말입니다.

▶   친한 친구에게 여러분이 어떤 사람인지 묻는다면, 과연 어떤 대답을 듣게 될까요? 여러분이 듣고 싶거나 듣고 싶지 않은 말은 무엇인가요?

바울은 자신을 죽이려는 음모로 인해 한밤중에 군대의 호위를 받으며 예루살렘을 빠져나와 가이사랴로 향해 떠나야 했습니다(행 23:12~31). 당장은 안전해질 수 있었지만 신분은 여전히 죄수인 채 곧 세 명의 통치자에게 재판을 받게 될 것입니다. 이때 바울이 그 자신을 변호하는 말은 그리스도인의 정체성이 성적이나 팔로워 숫자나 특기와 전혀 관계없음을 깨닫게 해 줍니다. 예수 그리스도를 따르는 우리의 정체성은 실수나 잘못, 수치스러운 비밀로 정해지지 않습니다. 우리는 정체성을 오직 예수 그리스도 안에서 찾을 수 있습니다.

기독교는 우리에게 값비싼 희생을 요구합니다. 명성, 지위, 우정, 안락함, 안전뿐 아니라 심지어 생명까지 희생하도록 요구합니다. 바울이 깨달은 바로 이것을 우리 역시 깨닫게 될 것입니다. 그리스도께서는 우리의 일부가 아닌 전부를 원하십니다. 바울처럼 그리스도께 자신을 맡길 때 비로소 진정한 정체성을 찾을 수 있습니다. 또한 사는 데 급급하지 않고 빛과 생명이신 예수 그리스도를 전하는 데 힘쓰게 될 것입니다.

타락한 벨릭스에게 무슨 말을 한들 들을까

바울이 가이사랴에 있는 헤롯의 궁전에 수감되기는 했지만, 하나님의 역사는 바울에게도 유대인들에게도 끝난 것이 아니었습니다(행 23:11). 대제사장 아나니아가 장로들, 변호사 더둘로와 함께 가이사랴로 내려왔습니다. 아나니아는 바울로부터 "회칠한 담이여 하나님이 너를 치시리로다"(행 23:3)라는 말을 들었던 인물입니다. 예루살렘에서 잘 훈련받은 바리새파 출신의 바울, 그리고 그의 증언을 무너뜨릴 대적 더둘로, 이 두 거물 사이에 장대한 결전이 펼쳐졌습니다.

더둘로가 벨릭스를 칭송하고 나서 바울을 "소요하게 하는 자요 나사렛 이단의 우두머리"(행 24:5)라고 부르며 도발했습니다. 그리고 바울이 성전을 더럽히려 하여 체포했다고 설명했습니다. 벨릭스는 성전에서의 소동에는 별 관심이 없었습니다. 그러나 바울에 대한 고발이 있었고, 그가 실제로 성전을 더럽혔다면 유대인들이 어떻게 반응할지가 벨릭스에게 큰 골칫거리가 되었을 것입니다. 로마 제국이 견딜 수 없는 한 가지는 바로 지역 불안이었습니다. 총독은 시민들의 불화를 나타내는 어떤 징후도 심상치 않게 느꼈고, 용납할 수 없었습니다. 이것이 바로 더둘로가 계속해서 주장한 바입니다.

변호사 더둘로는 그의 주장을 뒷받침하기 위해 모인 유대인들 앞에서 다시 한 번 벨릭스를 칭송하며 말을 마쳤습니다. 이제 바울이 변호할 차례가 되었습니다. 사도 바울은 확신에 차서 대적들에게 자신의 죄를 입증해 보라고 명확하게 요구했습니다. 증거가 있을까요? 이곳은 법정이므로 증거 없이는 로마인들도 그에게 선고를 내릴 수 없습니다.

바울은 자신이 율법, 선지자의 가르침을 잘 따르는 유대인의 자손이라고 하면서 부활의 하나님께 소망을 품고 있음을 선포했습니다(참조, 행 24:14~15).

마침내 벨릭스가 이 논쟁에 관여하기 시작했습니다.

²²벨릭스가 이 도에 관한 것을 더 자세히 아는 고로 연기하여 이르되 천부장 루시아가 내려오거든 너희 일을 처결하리라 하고 ²³백부장에게 명하여 바울을 지키되 자유를 주고 그의 친구들이 그를 돌보아 주는 것을 금하지 말라 하니라 ²⁴수일 후에 벨릭스가 그 아내 유대 여자 드루실라와 함께 와서 바울을 불러 그리스도 예수 믿는 도를 듣거늘 ²⁵바울이 의와 절제와 장차 오는 심판을 강론하니 벨릭스가 두려워하여 대답하되 지금은 가라 내가 틈이 있으면 너를 부르리라 하고 ²⁶동시에 또 바울에게서 돈을 받을까 바라는 고로 더 자주 불러 같이 이야기하더라 ²⁷이태가 지난 후 보르기오 베스도가 벨릭스의 소임을 이어받으니 벨릭스가 유대인의 마음을 얻고자 하여 바울을 구류하여 두니라(행 24:22~27)

유대 지도자들과 달리 벨릭스는 적어도 처음에는 바울과 그의 가르침에 겁먹지 않았습니다. 그는 바울에게 어느 정도 자유를 주며 더 대화하려고 했습니다. 그러던 어느 날, 벨릭스는 바울의 이야기를 더 듣고자 했습니다. 그때 사도 바울이 의와 절제와 장차 오는 심판을 강론하자 벨릭스의 심경에 변화가 일어났습니다. 두려움을 느낀 것입니다.

아마도 벨릭스는 곧 열릴 재판에서 필요한 의와 절제가 부족함을 깨달은 것 같습니다. 그것이 무엇이든 간에 벨릭스는 바울을 내보냈습니다. 눈에서 멀어지면 마음에서도 멀어질 테니 말입니다.

눈치만 보는 베스도에게 로마 시민권을 내밀다

2년간 바울을 불러 이야기를 나눴던 벨릭스의 후임으로 보르기오 베스도가 유대 총독으로 부임했습니다.

[1]베스도가 부임한 지 삼 일 후에 가이사랴에서 예루살렘으로 올라가니 [2]대제사장들과 유대인 중 높은 사람들이 바울을 고소할새 [3]베스도의 호의로 바울을 예루살렘으로 옮기기를 청하니 이는 길에 매복하였다가 그를 죽이고자 함이더라 [4]베스도가 대답하여 바울이 가이사랴에 구류된 것과 자기도 멀지 않아 떠나갈 것을 말하고 [5]또 이르되 너희 중 유력한 자들은 나와 함께 내려가서 그 사람에게 만일 옳지 아니한 일이 있거든 고발하라 하니라 [6]베스도가 그들 가운데서 팔 일 혹은 십 일을 지낸 후 가이사랴로 내려가서 이튿날 재판 자리에 앉고 바울을 데려오라 명하니 [7]그가 나오매 예루살렘에서 내려온 유대인들이 둘러서서 여러 가지 중대한 사건으로 고발하되 능히 증거를 대지 못한지라 [8]바울이 변명하여 이르되 유대인의 율법이나 성전이나 가이사에게나 내가 도무지 죄를 범하지 아니하였노라 하니 [9]베스도가 유대인의 마음을 얻고자 하여 바울더러 묻되 네가 예루살렘에 올라가서 이 사건에 대하여 내 앞에서 심문을 받으려느냐(행 25:1~9)

베스도는 부임하자마자 예루살렘으로 올라갔습니다. 대제사장들과 종교 지도자들이 또다시 바울을 죽일 기회를 엿봤습니다. 베스도라면 그들에게 호의를 베풀어 바울을 가이사랴에서 예루살렘으로 데려와 줄 수도 있습니다. 뒷배경을 모르니 영향력 있는 유대 지도자들에게 좋은 첫인상을 남기고 싶어서 일견 간단해 보이는 요청을 수락할 것입니다. 그렇게 되면 바울이 모습을 드러낼 것이고, 그들은 그 이송 길에 그를 죽일 기회를 얻게 될 것입니다.

그러나 베스도는 거절했습니다. 바울을 예루살렘에 데려올 생각이 없었습니다. 그는 곧 가이사랴로 돌아갈 테니 유대 지도자들이 그와 함께 가서 거기서 바울을 고발하면 될 일이었기 때문입니다.

며칠 후 바울은 가이사랴에서 베스도와 유대 지도자들 앞에 서서 자신을 변호했습니다. 유대인들은 악의적으로 공격하면서도 증거를 대지 못했습니다. 바울은 유대인의 율법이나 성전이나 가이사에게 아무 잘못도 저지르지 않았으므로 예루살렘 공회나 로마 제국은 그를 비난한 근거가 없었습니다.

베스도는 벨릭스와 마찬가지로 자신이 중요한 기로에 섰다는 것을 알았습니다. 그는 어떻게 해야 할까요? 베스도는 바울이 로마를 상대로 어떤 죄도 저지르지 않았다는 것을 알았기 때문에 증거 불충분으로 석방할 수 있었습니다. 하지만 그렇게 하지 못했습니다. 유대 지도자들이 분노할지 모른다고 생각했기 때문입니다. 그는 자신의 결정에 대한 책임을 전가하고, 동시에 유대인들의 비위를 맞출 수 있는 길을 찾았습니다. 만약 베스도가 유대인들의 요구대로 바울을 예루살렘으로 보내 재판받게 한다면, 그들은 그에게 빚을 지는 셈이 됩니다. 그래서 베스도가 슬며시 바울에게 예루살렘에 올라가서 심문을 받을 것인지 물었습니다.

[10]바울이 이르되 내가 가이사의 재판 자리 앞에 섰으니 마땅히 거기서 심문을 받을 것이라 당신도 잘 아시는 바와 같이 내가 유대인들에게 불의를 행한 일이 없나이다 [11]만일 내가 불의를 행하여 무슨 죽을죄를 지었으면 죽기를 사양하지 아니할 것이나 만일 이 사람들이 나를 고발하는 것이 다 사실이 아니면 아무도 나를 그들에게 내줄 수 없나이다 내가 가이사께 상소하노라 한대 [12]베스도가 배석자들과 상의하고 이르되 네가 가이사에게 상소하였으니 가이사에게 갈 것이라 하니라(행 25:10-12)

바울은 로마 시민으로서의 권리를 행사하고자 가이사(로마 황제의 칭호-역주)에게 직접 상고했습니다. 그 순간, 베스도와 유대인들은 자신들의 권위가 바울 앞에서 무너짐을 경험했습니다. 이제 로마 제국 최고 권력자의 손에 바울의 목숨이 달려 있습니다. 그러나 바울에게는 달라진 것이 아무것도 없었습니다. 그의 생명은 여전히 전능하신 하나님의 손에 있었기 때문입니다.

만약 여러분이 베스도의 자리에 있었다면 어떻게 행동했을까요?

만약 여러분이 바울의 자리에 있었다면 어떻게 행동했을까요?

끝까지 못 믿는 아그립바여, 날 로마로 보내다오

바울은 지도자들 앞에 끌려가 기나긴 증언을 해야 했습니다. 사도 바울은 자신이 받은 유대교 유산과 다메섹에서의 회심과 부활의 소망에 관해 상세히 전했습니다.

24바울이 이같이 변명하매 베스도가 크게 소리 내어 이르되 바울아 네가 미쳤도다 네 많은 학문이 너를 미치게 한다 하니 25바울이 이르되 베스도 각하여 내가 미친 것이 아니요 참되고 온전한 말을 하나이다 26왕께서는 이 일을 아시기로 내가 왕께 담대히 말하노니 이 일에 하나라도 아시지 못함이 없는 줄 믿나이다 이 일은 한쪽 구석에서 행한 것이 아니니이다 27아그립바왕이여 선지자를 믿으시나이까 믿으시는 줄 아나이다 (행 26:24~27)

바울은 여러 번 고소당해 봤지만, 이번처럼 학문이 과도해서 미쳤다는 말을 듣기는 처음이었을 것입니다. 사도 바울은 그 고발을 부인한 후 곧 아그립바왕에게 주의를 돌렸습니다. 바울은 자신이 이야기한 내용 즉 자기 삶, 그리고 그보다 더 중요한 예수님의 삶과 사역이 공개적으로 일어났음을 분명히 했습니다. 그가 전한 모든 이야기는 검증 가능하고 확실했습니다.

그러고 나서 바울이 아그립바에게 결정적인 질문을 던졌습니다. 그 대답은 왕을 단번에 완전히 침묵시킬 만한 것이었습니다. "선지자를 믿으시나이까." 다시 말해 "당신은 진정한 유대인이 맞습니까"라고 물은 셈입니다. 아그립바가 선지자들을 믿는 줄 안다고 바울이 대신 대답했습니다.

아그립바가 바울의 질문을 회피한 것을 보면 바울의 전략을 간파한 것이 분명합니다.

28아그립바가 바울에게 이르되 네가 적은 말로 나를 권하여 그리스도인이 되게 하려 하는도다 29바울이 이르되 말이 적으나 많으나 당신뿐만 아니라 오늘 내 말을 듣는 모든 사람도 다 이렇게 결박된 것 외에는 나와 같이 되기를 하나님께 원하나이다 하니라 30왕과 총독과 버니게와 그 함께 앉은 사람들이 다 일어나서 31물러가 서로 말하되 이 사람은 사형이나 결박을 당할 만한 행위가 없다 하더라 32이에 아그립바가 베스도에게 이르되 이 사람이 만일 가이사에게 상소하지 아니하였더라면 석방될 수 있을 뻔하였다 하니라

(행 26:28~32)

아그립바왕은 그리스도인이 되라는 설득을 듣고도 받아들이지 않았습니다. 학자들은 그가 빈정댔는지 분노했는지 성실했는지에 대해서 의견을 달리하지만, 복음을 전하고 청중의 반응을 이끌어 내는 바울의 탁월함은 분명히 나타났습니다.

알짬 교리 99

공의로우신 하나님

하나님은 자신의 도덕적 피조물들을 위해 그분의 의에 준한 기준을 세우셨고, 그 기준에 따라 피조물을 심판하실 것입니다(레 11:44~45; 롬 2:5~11; 고후 5:10). 만약 하나님이 심판하지 않으신다면, 그것은 의로우신 하나님의 성품에 어긋나는 일이 될 것입니다. 인간은 하나님의 의로운 기준에 합당하게 살지 못하고 죄를 지었습니다. 그래서 공의로 죄인을 심판하시는 하나님은 그리스도 안에 있는 믿는 사람들을 구원하시기 위해, 단지 재판관이실 뿐만 아니라, 죗값을 치르기 위한 제물이 되기로 하셨습니다(롬 3:25~26).

그리스도와의 연결

세상의 통치자 앞에서 자신을 변호한 사람이 바울만 있었던 것은 아닙니다. 예수 그리스도께서도 자신을 변호하셨습니다. 본디오 빌라도는 예수님에게 유대인의 왕이라는 정체성에 관해 물었습니다(요 18:33). 실로, 예수님은 유대인의 왕이셨지만 그 이상이십니다. 만왕의 왕이요 만 주의 주이시기 때문입니다(딤전 6:15). 세상에서 가장 위대하다는 솔로몬 왕도 "모든 왕이 그의 앞에 부복하며 모든 민족이 다 그를 섬기리로다"(시 72:11)라고 선포했습니다. 언젠가 모든 왕이 무릎을 꿇고, 모든 입이 예수 그리스도를 주님으로 고백할 것입니다(빌 2:10~11).

YOUR STORY

하나님이 들려주시는 이야기는 오늘을 사는 나와 늘 연결되어 있습니다. 아래 질문에 답하면서 성경 이야기가 내 이야기와 어떻게 연결되는지 생각해 봅시다.

▶ **바울이 세 통치자들과 만나는 장면에서 가장 놀랄 만한 사실이 있다면 무엇인가요?**
이 질문에 관한 답변은 다양할 것입니다.

▶ **바울이 당대 지식인들에게 자신의 신앙을 논리 정연하게 전달했다는 사실은 매우 인상적입니다. 그렇게 할 필요가 있었습니다. 어떻게 하면 우리도 이 시대 지식인들에게 믿음을 전달할 준비를 좀 더 할 수 있을까요?**
첫째, 공부해야 합니다. 훈련을 받아야 한다는 뜻입니다. 다른 사람들에게 명확하게 표현하고 변호하기 위해 준비하는 것은 그리스도의 제자가 되는 과정의 일부입니다. 이 과정의 첫걸음은 배움에 대한 열망으로 가득한 영성을 갖는 것입니다.
둘째, 시간을 내어 기독교 변증과 신학에 관한 책을 읽어야 합니다. 한 달에 몇 권을 읽겠다는 목표를 세우고, 그 목표를 이룰 수 있도록 전략을 세우십시오.
셋째, 성숙한 믿음의 연장자들이 있는 공동체에 참여합니다. 남학생이라면 교회에서 형이나 선배나 장로님들과 교제하십시오. 여학생이라면 언니나 선배나 권사님들과 교제하며 그들에게서 배우십시오.

▶ **바울은 어떻게 수감 생활을 견딜 수 있었을까요?**
이 질문에 관한 답변은 다양할 것입니다.

▶ **삶의 역경과 고난에 부딪힌 사람이 바울에게서 배울 수 있는 것은 무엇일까요?**
이 질문에 관한 대답은 다양할 것입니다.

하나님의 이야기
하나님이 그분의 아들
예수 그리스도를 통해
우리를 구속해 주신 이야기

우리의 이야기
우리의 이야기가
하나님의 이야기와
만나는 곳

YOUR MISSION

생 각

절체절명의 위기에서 바울은 자신의 궁극적 정체성을 예수 그리스도께 매여 있는 데에서 찾았습니다. 이는 최선의 방어였으며, 진정한 그리스도인의 모습입니다. 바울은 거짓 고발과 공격 때문에 비난받고 투옥되고 고문당하고 조롱당해도 당당하게 서서 그리스도를 향한 충성을 보여 주었습니다. 그리스도의 복음에 근거했기에 바울은 조금도 뒷걸음치지 않았습니다.

- **그리스도인이 자신의 정체성을 소유나 업적이나 세상의 관계가 아닌 예수 그리스도에 근거해야 하는 이유는 무엇인가요?**

  자기 정체성을 주변에 있는 것들과 나란히 놓고 같은 수준으로 본다면, 그것들이 가치를 잃거나 빼앗겼을 때(이는 필연적으로 일어날 수 있는 일입니다), 그에 따라 정체성도 변하게 됩니다. 그러나 주님이 지으신 대로, 자기 정체성을 그리스도 안에서 하늘을 향하도록 놓는다면, 어떤 상황에서도 변함없이 정체성을 유지할 수 있을 것입니다.

- **그리스도인의 정체성에 대한 바울의 고백을 듣고 무엇을 깨닫게 되었나요? 그리스도인의 정체성대로 살아가기 위해서는 어떻게 해야 할까요?**

  이 질문에 관한 답변은 다양할 것입니다.

마 음

아그립바왕은 복음을 듣고도 받아들이지 못한 듯합니다. 혹시 주변에 이런 사람이 있나요? 혹시 여러분이 아직 복음을 받아들이지 못하고 있나요? 교만, 쾌락, 주위의 압박 등 변명거리가 많을 것입니다. 그런데 이에 관한 기독교의 가슴 아픈 진실은 이것입니다. 지옥은 여러 이유로 계속 거절하며 그리스도인이 되지 못한 사람들로 가득할 것이 분명하다는 것입니다.

- **사람들이 복음을 듣고도 믿지 못하는 이유는 무엇일까요?**

  사람들은 종교적 외식을 버릴 수도 있고, 삶의 변화를 꾀할 수도 있지만, 결국에는 세상을 너무 많이 사랑하기 때문입니다.

- **구원의 확신이 분명한 것이 중요할까요? 어떤 사람이 진정한 그리스도인일까요?**

  죄를 용서받기 위해 예수님을 믿고 따르는지 물어볼 수 있습니다. 하나님이 삶에 역사하셔서 날마다 예수님을 닮아 가게 하시는 열매를 맺고 있는지를 살펴볼 수 있습니다. 궁극적으로, 예수님을 바라보고 의지함으로써 믿음의 확신을 얻을 수 있습니다.

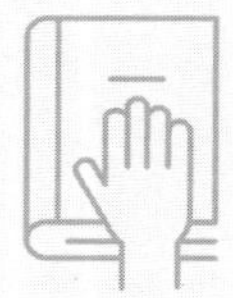

행 동

바울을 통해, 복음 전하는 일은 우리의 몫이지만 회심은 하나님의 역사임을 배우게 됩니다. 바울뿐 아니라 우리에게도 하나님이 만나게 하시는 모든 사람에게 복음을 전할 책임이 있습니다. 우리는 복음을 전하고 기도하고 도전하고 격려할 수 있지만, 거듭나게 할 수는 없습니다. 오직 성령만이 복음을 받아들이게 하고, 완악한 마음을 변화시켜 새 생명을 주실 수 있습니다.

> 다음 모임까지
> 사도행전 20:1~3;
> 로마서 1~8장을
> 읽어 보세요.

- **최근에 복음을 전했나요? 복음을 전해야 할 때에 주저하게 되는 이유는 무엇인가요?**

  이 질문에 관한 답변은 다양할 것입니다.

- **바울의 복음 전파는, 기회가 닿는 대로 복음을 전하도록 여러분에게 힘이 되나요?**

  이 질문에 관한 답변은 다양할 것입니다.

03

배는 깨져도
약속은 깨지지 않아

요약

예수 그리스도를 온전히 신뢰하며 벨릭스, 베스도, 아그립바의 면전에서 자신을 변호했던 바울이 3과에서는 풍랑에 휩쓸리고 파선당하는 상황에 처하게 됩니다. 그러나 사도 바울은 그리스도에 대한 신뢰를 잃지 않았습니다. 이 모든 것을 통해 우리는 바울의 신뢰와 소망이 복음에 그리고 그리스도께서 그에게 주신 약속에 뿌리박고 있음을 깨닫게 됩니다. 그 신뢰와 소망으로 바울은 풍랑을 통과해 사명을 계속 감당할 수 있었습니다.

성경

사도행전 27장 13~44절; 28장 11~16절

HIS STORY

포 인 트	미래가 불확실하고 불안정한 것처럼 보임에도 불구하고, 하나님은 사명을 계속 감당하라고 하신다.
등 장 인 물	바울(예수님을 핍박하다가 결국 그분을 따르게 되고 이방인의 사도가 됨)
메시지 좌표	예루살렘과 가이사랴의 감옥에서도 무사했던 바울이 배를 타고 가다가 광풍을 만나 표류하게 되었습니다. 그는 자신이 또 다른 감옥, 즉 침몰하는 감옥에 갇혔다는 사실을 깨달았습니다. 예수님을 믿음으로써 마른 땅에서도 고난을 당했는데, 파도가 급격히 높아지는 바다에서 또 다른 고난에 부딪힌 것입니다. 그 고난 가운데서 예수님은 그분이 전능한 참하나님이심을 증명해 주셨는데, 바울은 그 사실을 기억하고 주님을 계속 신뢰할 수 있을까요?

도 입 5~10분

1909년 3월, 거대한 증기선 타이태닉호가 건조되기 시작했습니다. 이 거대한 배가 가라앉을 것이라고 의심하는 사람은 아무도 없었습니다. 3년의 공사 끝에 아일랜드 사람들은 약 길이 269m, 무게 50,000t의 괴물 선박을 3백만 개 리벳(철판 연결 재료)을 사용하여 만들어 내면서 공학 기술의 엄청난 업적을 달성해 냈습니다. 24개의 증기 보일러가 사우샘프턴에서 뉴욕까지 그간의 기록을 경신하며 나아가도록 선체 중심에서 추진력을 일으켰습니다. 그런데 그때 그린란드 수역에 무언가 거대한 것이 나타났고, 1912년 4월 14일 23시 40분에 배가 1.6km 길이의 빙산과 충돌했습니다. 물 위로는 빙산의 일부분만 나와 있었습니다. 충돌하고 2시간 반이 지나자 배가 바다 밑바닥에 가라앉아 버렸습니다.

이처럼 우리 삶도 순식간에 침몰할 수 있습니다. 이는 매우 흥미로운 사실입니다. 유리 위로 미끄러지듯 삶이 잠시 순항하기도 합니다. 그러나 다음 순간, 어떤 빙산과 정면충돌하여 심연으로 빠져드는 자신을 발견하곤 합니다. 자신에게 무슨 일이 일어난 것인지 어리둥절해하면서 말입니다. 인생의 빙산은 종종 난데없이 역경과 고통을 우리에게 안기곤 하지만, 또한 우리가 진정으로 소중히 여겨야 할 것이 무엇인지를 드러내 주기도 합니다.

▶ 눈 깜짝할 사이에 인생이 뒤바뀌는 것을 경험하거나 목격한 적이 있나요? 역경의 순간은 우리가 진정으로 신뢰하고 소중히 여기는 사람이 누구인지, 우리가 가치를 두는 것이 무엇인지를 어떻게 보여 줄까요?

겁내지 마! 로마에 가게 될 거야

바울은 목숨이 위태로워지자, 가이사랴에서 예루살렘으로 돌아가지 않을 수 있도록 가이사에게 호소하며 로마 시민으로서의 권리를 행사했습니다. 사건을 심리하던 아그립바는 바울이 호소하지 않았다면 그를 풀어 줄 수 있었을 것입니다. 그러나 이제는 죄수 바울을 로마로 이송할 수밖에 없게 되었습니다. 바울이 로마에서도 증언해야 한다는(행 23:11) 예수님의 약속이 성취되기 위해 이러한 사건이 일어났습니다. 바울은 반드시 복음을 전하러 로마에 갈 것이고, 그곳에서 로마 제국의 보호를 받게 될 것입니다.

도입 선택

학생들에게 가장 아끼는 대상 다섯을 적게 합니다. 그러고 나서 두 명씩 짝을 지어 준 후 서로 다음 질문을 하고 답을 듣게 합니다.

- *갑자기 집에 불이 나거나 폭풍이 들이닥쳐 딱 한 가지만 가지고 탈출할 수 있다면, 무엇을 가져갈 것인가요?*

짝끼리 질문하고 대답할 5분 정도의 시간을 준 후에 모든 학생에게 다음 질문을 합니다.

- *자신의 우선순위가 어떠하다고 생각하나요?*

우리 삶 가운데 있는 모든 것이 확실한 것은 아니지만, 한 가지는 확실하다는 사실을 이야기해 줍니다. 그것은 예수 그리스도와 함께하는 미래를 소망할 수 있다는 것입니다.

그러나 바울이 탄 배는 출항하고 나서 얼마 지나지 않아 큰 문제에 부딪혔습니다. 처음에는 순풍이 불던 날씨가 순식간에 험악해진 것입니다.

¹³남풍이 순하게 불매 그들이 뜻을 이룬 줄 알고 닻을 감아 그레데 해변을 끼고 항해하더니 ¹⁴얼마 안 되어 섬 가운데로부터 유라굴로라는 광풍이 크게 일어나니 ¹⁵배가 밀려 바람을 맞추어 갈 수 없어 가는 대로 두고 쫓겨 가다가 ¹⁶가우다라는 작은 섬 아래로 지나 간신히 거루를 잡아 ¹⁷끌어 올리고 줄을 가지고 선체를 둘러 감고 스르디스에 걸릴까 두려워하여 연장을 내리고 그냥 쫓겨 가더니 ¹⁸우리가 풍랑으로 심히 애쓰다가 이튿날 사공들이 짐을 바다에 풀어 버리고 ¹⁹사흘째 되는 날에 배의 기구를 그들의 손으로 내버리니라 ²⁰여러 날 동안 해도 별도 보이지 아니하고 큰 풍랑이 그대로 있으매 구원의 여망마저 없어졌더라 ²¹여러 사람이 오래 먹지 못하였으매 바울이 가운데 서서 말하되 여러분이여 내 말을 듣고 그레데에서 떠나지 아니하여 이 타격과 손상을 면하였더라면 좋을 뻔하였느니라 ²²내가 너희를 권하노니 이제는 안심하라 너희 중 아무도 생명에는 아무런 손상이 없겠고 오직 배뿐이리라 ²³내가 속한 바 곧 내가 섬기는 하나님의 사자가 어제 밤에 내 곁에 서서 말하되 ²⁴바울아 두려워하지 말라 네가 가이사 앞에 서야 하겠고 또 하나님께서 너와 함께 항해하는 자를 다 네게 주셨다 하였으니 ²⁵그러므로 여러분이여 안심하라 나는 내게 말씀하신 그대로 되리라고 하나님을 믿노라 ²⁶그런즉 우리가 반드시 한 섬에 걸리리라 하더라 (행 27:13~26)

바울이 탄 배가 광풍에 내던져진 부분을 읽고, 구약의 요나 선지자를 떠올릴지도 모릅니다. 둘 다 하나님께 사명을 받고 보냄을 받았기 때문입니다. 그들이 탄 배는 같은 해안가를 각각 지나갔고 도중에 광풍을 만났습니다.

그런데 바울과 요나 사이에는 차이점이 있습니다. 바울은 복음을 전하려고 했지만, 요나는 복음을 전하기는커녕 도망치려고 했습니다. 광풍이 불자 바울은 그리스도를 신뢰하는 태도를 보였고, 신실하게 순종함으로써 폭풍을 이겨 냈습니다. 반면에, 요나는 반항적인 태도를 보였으며 그 덕분에 폭풍 속에서 하나님을 신뢰하는 법을 배워야 했습니다.

이것이 폭풍의 역할일 것입니다. 폭풍 속에서 우리는 바울처럼 그리스도께 매달릴 수도 있고, 요나처럼 절망에 빠질 수도 있습니다. 사명을 저버리고 도망친 선지자와 달리, 바울은 배에 머물면서 하나님이 그와 탑승객들을 모두 보호해 주시리라고 믿었습니다. 하나님이 그렇게 약속해 주셨기 때문입니다. 바울은 한낱 죄수에 불과했지만 전투 경험이 많은 로마 군인이나 노련한 선원에게 힘을 북돋워 주었습니다.

 요나 선지자와 비슷한 상황에 놓인 적이 있었나요? 요나보다는 바울에 더 가깝게 반응했던 때가 있다면, 언제인가요?

머리카락 한 올도 다치지 않을 거야

사람은 아무것도 먹지 않으면 3주 정도 살 수 있다고 합니다. 차츰 면역력이 떨어지고 머리카락과 손톱이 자라지 않게 되고 결국 아사를 앞둔 마지막 단계가 시작됩니다. 바울과 그의 동료들은 약 2주 동안 폭풍에 시달리며 아무것도 먹지 못했습니다. 아마도 뱃멀미가 심했기 때문이기도 하고 비상식량을 남겨 두어야 했기 때문이기도 할 것입니다.

이전에 많은 고생을 한 사도 바울은 굶주림에 익숙했습니다. 그는 고린도 교회에 보내는 편지에서 "또 수고하며 애쓰고 여러 번 자지 못하고 주리며 목마르고 여러 번 굶고 춥고 헐벗었노라"(고후 11:27)라고 말했습니다. 그러나 자신이 세운 교회들이 믿음으로 서고, 복음이 진전되는 것을 보면서 만족했습니다. 그는 그리스도를 위해서라면 어떠한 어려움도 견딜 수 있었습니다.

하지만 그 반대라 해도 마찬가지였습니다. 바울은 고린도에서 침대에 누워 쉬거나 에베소에서 욕조에 몸을 담그고 쉴 수 있습니다. 하지만 교회들이 죄를 범하거나 고통을 당하고 있으니 마음 편히 쉴 수 없었습니다. 그 대신에 그는 심히 사랑하는 교회들을 격려하고, 그들이 기억해야 할 중요한 내용을 쓰기 위해 양피지를 손에 들었습니다. 바울은 항상 자기 자신보다 다른 사람들을 더 생각했습니다. 그들이 괜찮아야 그도 괜찮았습니다. 만일 그들이 풍랑 속에 가라앉고 있다면, 그도 역시 가라앉고 있을 것입니다.

바울은 단순한 지도자가 아니었습니다. 그는 양육자였습니다. 깊은 바닷속으로 침몰하는 그 순간에도 동료들을 어떻게 먹이고 위로했는지 살펴봅시다.

[33]날이 새어 가매 바울이 여러 사람에게 음식 먹기를 권하여 이르되 너희가 기다리고 기다리며 먹지 못하고 주린 지가 오늘까지 열나흘인즉 [34]음식 먹기를 권하노니 이것이 너희의 구원을 위하는 것이요 너희 중 머리카락 하나도 잃을 자가 없으리라 하고(행 27:33~34)

바울은 예수님의 말씀이 있었기 때문에, 배에 발을 딛기도 전에 이미 알고 있었습니다. 어떤 일이 일어나더라도 그 여정에서 살아남으리라는 것을 말입니다. 예수님이 그에게 해 주신 말씀은 그가 로마에서도 복음을 전해야 한다는 것이었습니다. 광풍 가운데 하나님은 바울에게 천사를 보내 주셔서 그뿐만 아니라 배에 탄 다른 사람들도 살아남을 것이라고 알려 주셨습니다. 바울은 자신이 들은 좋은 소식을 혼자만 간직하지 않았습니다. 그는 함께 탑승한 다른 사람들에 대해서도 매우 염려해 왔습니다. 그는 그들이 풍랑을 두려워하느라 그들을 보호하시는 하나님의 주권에서 비롯되는 소망을 놓치지 않기를 바랐습니다. 또한 바울은 그들에게 예수님을 선포할 수 있는 기회를 놓치고 싶지 않았습니다. 비록 지금은 절망적인 상황으로 보일지라도, 하나님이 그들을 지켜보며 보살펴 주신다는 사실을 전할 수 있는 너무나도 좋은 기회였기 때문입니다.

그래서 바울은 그리스도의 약속에 대한 믿음을 행동으로 옮겨서, 동료 여행자들에게 음식을 먹으라고 권했습니다. 그들은 바울과 함께 불안과 두려움을 버리고 하나님의 약속을 믿을 수 있었습니다.

최근에 하나님의 약속으로 누군가를 격려하거나 누군가로부터 격려받은 적이 있나요?

> 실로 그리스도는 모든 폭풍우를 잠재우실 수 있지만,
> 세상 사람도 부딪히는 문제에 대한 면역성까지 그리스도인에게 주시지는 않습니다.
> 어떤 때는 그런 상황에 놓인 그리스도인을 기적적으로 구해 주기도 하시지만,
> 또 어떤 때에는 자연재해나 다른 재난을 견딜 용기를 주십니다.
> 우리는 주님이 기적을 행해 주시는 것에 감사해야 하지만,
> 폭풍 한가운데서 인내할 수 있도록 충만한 은혜를 주시는 것에도 감사해야 합니다(고후 12:7~10).
> 아지스 페르난도 Ajith Fernando

내 말이 맞지? 로마로 가자

바울이 군인과 선원에게 식사하라고 권했고, 모두 배부르게 먹은 후에 남은 밀을 바다에 버려 배를 가볍게 했습니다. 그다음 날에 배가 해안에 부딪히자 배에 있던 276명 전원이 헤엄치거나 배의 물건에 의지하여 나아가 멜리데섬에 올랐습니다. 겨울이 끝나고, 로마로 떠날 때가 다가오고 있었습니다.

[11]석 달 후에 우리가 그 섬에서 겨울을 난 알렉산드리아 배를 타고 떠나니 그 배의 머리 장식은 디오스구로라 [12]수라구사에 대고 사흘을 있다가 [13]거기서 둘러 가서 레기온에 이르러 하루를 지낸 후 남풍이 일어나므로 이튿날 보디올에 이르러 [14]거기서 형제들을 만나 그들의 청함을 받아 이레를 함께 머무니라 그래서 우리는 이와 같이 로마로 가니라 [15]그곳 형제들이 우리 소식을 듣고 압비오 광장과 트레이스 타베르네까지 맞으러 오니 바울이 그들을 보고 하나님께 감사하고 담대한 마음을 얻으니라 [16]우리가 로마에 들어가니 바울에게는 자기를 지키는 한 군인과 함께 따로 있게 허락하더라(행 28:11~16)

바울은 항구에서 만난 그리스도인들과 이야기하면서 힘을 얻었을 것입니다. 그들이 서로 나누었을 법한 이야기들을 상상해 보세요. 예루살렘 공회에서 재판받던 일, 가이사랴에서 벨릭스와 베스도와 아그립바 앞에서 자신을 변호했던 일, 파선당했다가 기적적으로 살아남은 일 등을 이야기했을 것입니다.

또한 그동안 백부장 율리오가 복음을 경험했을 법한 수많은 순간들을 상상해 보세요. 오히려 사도 바울에게 체포되고 싶지 않았을까요? 그러면 바울이 "그리스도 안에서 하늘에 속한 모든 신령한 복을"(엡 1:3) 주시는 하나님을 묵상하고 히브리 성경을 해석하는 것을 들을 수 있을 것입니다. 또 유대인과 이방인을 믿음 안에서 하나 되게 하시는 "그 뜻의 비밀"(엡 1:9)도 들을 수 있을 것입니다.

일주일 후, 바울은 본래 가려고 했던 로마를 향해 떠났습니다. 베스도가 로마로 보낸 것 같지만, 사실은 하나님이셨습니다. 바울은 하나님이 원하시는 로마에 도착했으니, 하나님이 원하시는 일이 펼쳐지리라는 기쁨과 기대감에 가득 찼습니다. 그는 로마 제국의 중심에서 복음을 선포하게 될 것입니다. 이것이 바로 예루살렘과 가이사랴와 바다에서의 험난한 시험을 이겨 내게 한 소망입니다. 이제 그의 소망이 이루어졌습니다. 하나님은 그렇게 약속을 지키셨고, 이것을 통해 그분의 신실하심을 만천하에 다시 한 번 증명하셨습니다.

앞으로 벌어질 일을 두고 바울에게 필요한 것이 있었습니다. 바로 격려입니다. 그렇습니다. 그는 하나님이 원하시던 곳에 도착했고, 하나님이 원하시는 일을 알았습니다. 그러나 바울이 서 있어야 할 곳에 서서, 자신이 해야 할 일을 하는 것은 결코 쉬운 일이 아니었습니다. 바울이 하나님을 믿고 복음 전파의 열망을 가졌다고 해서 연약해지는 순간이 없었던 것은 아닙니다. 그 역시 말씀에 대한 의심으로 흔들렸고, 두려움이나 걱정에서 자유로울 수 없었고, 유혹과 죄가 저절로 비껴가지 않았습니다. 그러므로 우리처럼 바울도, 그와 함께하며 하나님의 약속을 상기시켜 주고 불순종의 위험을 경고해 줄 믿음의 성도가 있는 교회가 절실히 필요했습니다.

알짬 교리 **99**

교회의 사명

교회는 십자가에 못 박히셨다가 부활한 왕이신 예수님에 대한 복음 선포를 믿음으로써 연합된 백성을 말하며, 하나님 나라의 표시이자 도구입니다. 교회의 사명은 성령님의 권능으로 세상에 가서 제자 삼는 것입니다. 이를 위해 교회는 이 복음을 선포하고, 계속되는 회개와 믿음의 반응으로 사람들을 초대하고, 그리스도의 주권에 순복해 하나님의 영광과 세상의 선을 위해 삶으로써 복음의 능력과 진리를 나타내야 합니다.

그리스도와의 연결

바울은 풍랑을 견디며 배에 머무는 것이 구조될 수 있는 유일한 길이라고 말했습니다. 바울의 말은 심판을 통해 구원이 다가왔던 몇 사건을 떠올리게 합니다. 예를 들어 노아의 방주, 홍해를 건넌 일 같은 사건들 말입니다. 우리를 대신하여 이 땅에서 고통당하신 예수님으로 인해 우리는 풍랑 가운데서도 주님이 이끄실 것을 믿으며 주님과 그분의 약속을 붙들 수 있습니다.

YOUR STORY

하나님이 들려주시는 이야기는 오늘을 사는 나와 늘 연결되어 있습니다. 아래 질문에 답하면서 성경 이야기가 내 이야기와 어떻게 연결되는지 생각해 봅시다.

▶ 때로 어려운 상황을 만났음에도 불구하고 바울은 자기 삶에서 신실하신 하나님을 경험했습니다. 신실하신 하나님을 최근에 어떤 식으로 경험해 봤나요?
   이 질문에 관한 답변은 다양할 것입니다.

▶ 통치자들 앞에서 재판받든 바다에서 표류하든, 바울은 늘 복음을 전할 곳을 찾았습니다. 하나님이 복음을 전하도록 이번 주에 나를 인도하시는 곳이 있다면 어디일까요?
   이 질문에 관한 답변은 다양할 것입니다.

▶ 바울과 마찬가지로, 우리에게도 하나님의 약속을 믿거나 그 대신 다른 것을 믿을 수 있는 선택권이 주어졌습니다. 하나님의 약속을 믿는 것이 더 나은 선택이라고 한다면 그 이유는 무엇인가요?
   하나님과 멀어져 있는 사람이라면 그가 무엇을 믿든지 간에 그것은 결국 무너지는 모래성이 될 것입니다. 즉 아무 가치가 없음이 드러날 것입니다. 궁극적으로는 그것을 믿은 탓에 더 큰 해를 입을 것입니다.

▶ 이 이야기에서 어떤 부분이 가장 인상적이었나요? 그것으로 어떤 지혜를 얻었나요?
   이 질문에 관한 답변은 다양할 것입니다.

하나님의 이야기
하나님이 그분의 아들
예수 그리스도를 통해
우리를 구속해 주신 이야기

우리의 이야기
우리의 이야기가
하나님의 이야기와
만나는 곳

YOUR MISSION

 **생 각**

예수님은 바울에게 그의 생명을 구해 주겠다고 약속하셨습니다. 그러나 배를 구해 주겠다는 약속은 하지 않으셨습니다. 배는 마침내 가라앉았습니다. 바울은 구조되었지만, 물에 흠뻑 젖었습니다. 때때로 하나님은 우리가 물에 젖게 놔두십니다. 하나님 외에는 달리 매달릴 곳이 없게끔 말입니다. 그 덕분에 더 나은 삶을 살게 되며, 다른 사람들도 마찬가지입니다. 그리스도께서는 종종 우리가 평안할 때보다 고난당할 때에 더 빛을 발하십니다.

- **바울은 자신을 에워싼 광풍 대신에 하나님의 약속을 바라볼 수 있었습니다. 어떻게 하면 우리도 자신이 처한 곤경이 아닌 하나님께 초점을 맞출 수 있을까요?**
  한 가지 방법은 규칙적으로 우리 영과 마음을 성경 말씀으로 채우는 것입니다. 우리를 충만하게 해 주는 더 많은 말씀이 어려움이 닥친 우리에게 보호막이 되어 줄 것입니다.

- **어려울 때마다 기억하면서 힘을 얻을 수 있는 하나님의 약속의 말씀은 무엇인가요?**
  말씀을 기억하는 것이 어렵다면, 성경책 뒤에 수록된 색인을 찾아보거나 스마트폰으로 검색해 봐도 좋습니다.

 **마 음**

살면서 인생의 빙산에 부딪혔던 때, 순식간에 뒤집혀 인생의 순항을 멈췄던 때를 떠올려 보세요. 세상이 무너진 것 같았을 그때 여러분은 무엇에 매달렸나요? 어디를 향해 마음의 닻을 내렸나요? 요나처럼 하나님이 아닌 다른 것에 닻을 내렸나요? 아니면 바울처럼 우리를 절대로 떠나지 않으신다는 하나님의 약속을 믿는 믿음에 닻을 내렸나요?

- **이해하기 힘든 때, 세상이 무너지는 듯한 때에 하나님의 약속을 붙잡은 적이 있나요?**
  이 질문에 관한 답변은 다양할 것입니다.

- **하나님께 온전히 순종하지 못하게 가로막는 것은 무엇인가요? 만약 하나님이 그것을 가져가신다면 여러분에게 어떤 변화가 일어날까요? 결국에는 어떻게 나아질까요?**
  이 질문에 관한 답변은 다양할 것입니다.

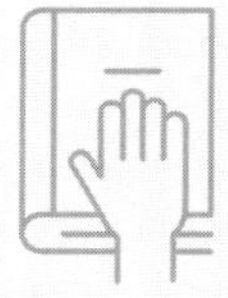 **행 동**

바울은 하나님이 어디로 보내시든, 상황이 어떻든 용기를 잃지 않았습니다. 바울에게 교회가 필요했듯이, 우리도 마찬가지입니다. 하나님은 공동체와 분리되어 살도록 우리를 짓지 않으셨습니다. 바울도 마찬가지입니다. 주님은 우리에게 교회를 허락하셨고, 우리를 교회로 보내셨습니다. 따라서 우리는 사명을 완수할 수 있도록 사랑 안에서 서로 격려할 수 있습니다. 우리는 혼자가 아닙니다.

- **사도 바울에게 격려가 필요했듯이 교회 지도자들도 마찬가지입니다. 어떻게 하면 교회 교역자들과 리더들을 격려할 수 있을까요?**
  이 질문에 관한 답변은 다양할 것입니다.

- **내가 그리스도와 동행할 수 있도록 격려해 준 친구가 있나요? 우리도 다른 친구들을 격려해 주려면 어떻게 해야 할까요?**
  이 질문에 관한 답변은 다양할 것입니다.

다음 모임까지
로마서 9~16장을
읽어 보세요.

04

내가 늘 기쁜 이유를 말해 줄게

요약

빌립보서를 탐구하는 우리가 기억해야 할 것이 있습니다. 바로 감옥에 있으면서도 바울이 기뻐하며 편지를 썼다는 사실입니다. 바울은 자신의 발자취, 즉 고통과 어려움을 통과했던 지난 날을 돌아보며 복음이 더욱 널리 퍼지게 되었음을 알고 기뻐했습니다. 예수 그리스도께서 영광을 받으시고 다른 신자들이 믿음 위에 확고하게 서 있음을 깨닫게 된 사도 바울은 기쁨으로 충만해졌습니다.

성 경

빌립보서 1장 12~30절

HIS STORY

포 인 트 하나님은 어떤 상황에서도 흔들리지 않고 예수님 안에서 기쁨을 표현하길 원하신다.

등 장 인 물 바울(예수님을 핍박하다가 결국 그분을 따르게 되고 이방인의 사도가 됨)

메시지 좌표 빌립보서는 바울의 옥중 서신 가운데 하나로, 그가 감옥에서 구술한 것을 속기로 기록하여 교회에 보낸 편지입니다. 빌립보서는 기쁨, 그리스도인의 연합, 예수 그리스도를 높이는 것과 같은 중요한 주제가 담긴, 그 자체로 독특한 편지입니다.

도 입 5~10분

1966년 5월 6일, 루마니아 출신의 리처드 범브란트 목사는 워싱턴에 있는 미국 상원의회에 섰습니다. 나치와 공산주의자에게 받았던 고문을 증언하기 위해서였습니다. 그는 의식을 잃을 때까지 거꾸로 달렸고, 매를 맞았고, 불에 달군 꼬챙이에 찔렸고, 칼에 베였고, 굶주렸고, 못 박힌 관 안에 서 있어야 했고, 냉동고에 던져지기까지 했습니다. 심지어 신앙을 버리고 설교를 그만두지 않는다면, 그의 아내와 아들까지 고문하고 죽일 것이라는 위협을 당했습니다. 그럼에도 불구하고 그는 신앙을 저버리지 않았습니다. 그는《그리스도를 위한 고난》에서 14년 동안 감옥에 있으면서 예수 그리스도를 경험한 기쁨에 대해 고백했습니다. "다른 죄수에게 설교하는 것이 엄격히 금지되었습니다. 이것을 어긴 사람은 심히 구타당했습니다. 그러나 우리 가운데 많은 사람이 설교하는 특권에 따르는 대가를 치르기로 결정했습니다. 우리는 그들이 주는 기준을 받아들였습니다. 이것은 주는 것과 받는 것이 있는 일종의 거래였습니다. 우리는 설교했고, 그들은 우리를 때렸습니다. 우리는 설교하는 것이 행복했고, 그들은 우리를 때리는 것이 행복했습니다. 그래서 모두가 행복했습니다."

▶　이처럼 신자가 그리스도를 위해 고난을 견딘 사실을 볼 때 무엇을 깨닫게 되나요?

바울의 이력서에도 피가 흩뿌려져 있습니다. 그는 굶주리고 추위에 떨고 헐벗으면서 지속적으로 죽음의 위협에 노출되었습니다(고후 11:23~27). 그는 2년 동안 로마 감옥에 갇혀 있다가(행 28:30~31) AD 64년경에 처형당했습니다. 가이사랴에서부터 바울이 로마에서 재판 받게 해 달라고 요청했던 가이사(참조, 행 25:11), 즉 네로 황제가 박해를 일으켰던 무렵입니다. 많은 학자가 바울이 로마에서 빌립보 교회에 기쁨의 편지를 썼다고 믿고 있습니다.

고난이 도리어 기쁨이 된다는 걸 알면

　　바울은 빌립보 성도들에게 보내는 편지를 시작하며 인사했습니다. "내가 너희를 생각할 때마다 나의 하나님께 감사하며 간구할 때마다 너희 무리를 위하여 기쁨으로 항상 간구함은"(빌 1:3~4). 그는 심지어 그들이 그의 마음에 있으며, 그리스도를 통하여 그들을 사모한다고 했습니다(빌 1:8). 이것이 끝이 아닙니다. 감옥에 갇힌 상황에서도 사도 바울은 격려의 말을 계속 이어 나갔습니다.

도입 선택

학생들에게 이런 상황을 상상해 보게 합니다. 최신 스마트폰을 선물로 받고 싶은데, 아직 부모님께 알리지는 않았습니다. 그런데 어느 날 부모님으로부터 스마트폰 선물을 받지만 이내 실망하고 맙니다. 원하던 모델이 아니었기 때문입니다. 부모님의 기대와 달리, 실망을 감출 수가 없습니다. 선물 받고 행복해지기를 바랐지만, 이제는 부모님의 기대를 깨게 될까 봐 염려스럽습니다.

- **여러분이 만약 이런 상황에 처하게 되면 어떻게 행동할까요?**

신앙은 우리가 받는 성탄절이나 생일의 선물보다 훨씬 진지한 문제입니다. 그러나 '상황이 어떠하든지 기뻐하라'라는 성경의 명령이 동일하게 적용됩니다. 우리는 생각보다 더 많이 받아 왔습니다. 그리고 이것을 아는 것은 우리가 이해하는 것보다 더 많이 다른 사람에게 영향을 끼칩니다.

¹²형제들아 내가 당한 일이 도리어 복음 전파에 진전이 된 줄을 너희가 알기를 원하노라 ¹³이러므로 나의 매임이 그리스도 안에서 모든 시위대 안과 그 밖의 모든 사람에게 나타났으니 ¹⁴형제 중 다수가 나의 매임으로 말미암아 주 안에서 신뢰함으로 겁 없이 하나님의 말씀을 더욱 담대히 전하게 되었느니라 ¹⁵어떤 이들은 투기와 분쟁으로, 어떤 이들은 착한 뜻으로 그리스도를 전파하나니 ¹⁶이들은 내가 복음을 변증하기 위하여 세우심을 받은 줄 알고 사랑으로 하나 ¹⁷그들은 나의 매임에 괴로움을 더하게 할 줄로 생각하여 순수하지 못하게 다툼으로 그리스도를 전파하느니라 ¹⁸그러면 무엇이냐 겉치레로 하나 참으로 하나 무슨 방도로 하든지 전파되는 것은 그리스도니 이로써 나는 기뻐하고 또한 기뻐하리라 (빌 1:12~18)

바울은 자신의 처지를 돌아보면서 육체적인 어려움으로 인해 기쁨을 얻었다고 썼습니다. 비난받고 적대되고 파선당하고 쇠사슬에 매였던 것에 저절로 감사할 수는 없었겠지만 그 덕분에 얻은 열매, 즉 복음이 전해졌으므로 감사했습니다. 그는 고통을 겪는 만큼 그것을 당하는 이유를 깨달았습니다. 바울의 고난을 통해 복음을 듣지 못했던 이들이 그리스도를 알게 되었던 것입니다. 시위대, 즉 황제의 친위대가 바로 나무랄 데 없는 증거입니다 (13절).

황제의 친위대는 로마 황제를 보호하고 섬기는 엘리트들이었습니다. 이들이 예루살렘에서 온 황제의 죄수를 교대로 지키자 바울은 자신의 이야기와 함께 복음을 전했습니다. 붙박이로 서 있어야 하는 청중을 하나님이 주셨을 때 그는 그 기회를 활용했습니다. 군인들이 자신을 감시하는 동안 그들을 향하여 지체하지 않고 예수님을 전했습니다. 그가 수감된 이유가 분명해지도록 말입니다. 바울은 그리스도를 전하기 위해 투옥되었습니다.

종종 우리에게도 곤경이 찾아옵니다. 바울에게 그러셨던 것처럼 하나님은 우리도 어려움을 통해 그리스도께 관심을 갖게 하십니다. 그러나 많은 사람이 이것을 받아들이기 어려워합니다. 하나님이 바울을 역경에도 불구하고 사용하셨는데, 우리는 그를 이례적인 인물로만 보고 싶어 합니다. 바울이 감옥에 있었던 것이 복음 전파에 방해가 되었다고 믿고 싶어 합니다. 그렇습니다. 그가 감옥에서도 복음을 전할 수는 있었겠지만, 그가 자유로웠다면 얼마나 더 많은 사람에게 복음을 전할 수 있었을지 상상해 보세요. 그런데 이것은 바울이 하나님의 계획을 보는 방법이 아니며, 우리가 저항해야 하는 사고방식입니다. 하나님은 바울의 역경에도 불구하고 일하신 것이 아니라 오히려 그 역경을 통해 일하셨습니다.

하나님이 고난을 통해 복음을 전하시는 것을 경험한 적이 있나요?

바울은 곤경을 복음 전하는 힘으로 연결시킬 수 있었습니다. 이러한 선교의 장을 하나님은 바울에게만 주신 것이 아닙니다. 하나님은 다른 사람들에게도 복음을 전할 수 있는 선교의 장을 주셨습니다. 투옥된 바울은 교회로 하여금 두려워 숨게 하기는커녕 오히려 믿는 자들에게 하나님의 말씀을 담대하게 전할 수 있는 확신을 주었습니다(14절).

죽음조차 유익하다는 것을 알면

바울은 지진이나 하나님의 사자가 나타나 구해 줄 것이라고 기대하지 않았습니다. 하나님이 그렇게 하실 수 있는 분임을 알았지만, 그렇게 해 주시겠다는 약속을 받은 적이 없기 때문입니다. 하나님은 바울에게 로마에서도 증언해야 한다고 약속해 주셨고, 마침내 그 약속이 이루어졌습니다. 그러나 그가 감옥을 어떻게 떠나게 될지는 아직 드러나지 않았습니다.

students

18그러면 무엇이냐 겉치레로 하나 참으로 하나 무슨 방도로 하든지 전파되는 것은 그리스
도니 이로써 나는 기뻐하고 또한 기뻐하리라 19이것이 너희의 간구와 예수 그리스도의 성
령의 도우심으로 나를 구원에 이르게 할 줄 아는 고로 20나의 간절한 기대와 소망을 따라
아무 일에든지 부끄러워하지 아니하고 지금도 전과 같이 온전히 담대하여 살든지 죽든지
내 몸에서 그리스도가 존귀하게 되게 하려 하나니 21이는 내게 사는 것이 그리스도니 죽는
것도 유익함이라 22그러나 만일 육신으로 사는 이것이 내 일의 열매일진대 무엇을 택해야
할는지 나는 알지 못하노라 23내가 그 둘 사이에 끼었으니 차라리 세상을 떠나서 그리스도
와 함께 있는 것이 훨씬 더 좋은 일이라 그렇게 하고 싶으나 24내가 육신으로 있는 것이 너
희를 위하여 더 유익하리라 25내가 살 것과 너희 믿음의 진보와 기쁨을 위하여 너희 무리와
함께 거할 이것을 확실히 아노니 26내가 다시 너희와 같이 있음으로 그리스도 예수 안에서
너희 자랑이 나로 말미암아 풍성하게 하려 함이라(빌 1:18~26)

본문으로 더 깊이

교회는 바울이 갇혔다는 소식을 듣고 일어났지만 하나로 모이지는 못했습니다. 교회는 복음 전파라는 새로운 열정으로 결속했지만, 정작 하나님이 열정의 불씨로 사용하신 바울을 두고 나뉘었습니다. 어떤 이들은 바울을 향한 사랑으로 복음을 전했고, 또 어떤 이들은 투기와 분쟁으로 복음을 전했습니다. 그렇게 함으로써 감옥에 갇힌 바울을 곤경에 빠뜨릴 수 있다고 생각했기 때문입니다.
실제로 바울은 그 소식을 듣고 괴로워했습니다. 다른 이들이 자신을 해코지하기 위해 악의적으로 행동하는 것에 대해 분명히 마음이 상했고 화가 났습니다. 특히 그리스도 안에서 사람들을 하나 되게 하는 복음을 선포하면서 그랬다는 것에 대해 말입니다. 그런데 만약 그가 진짜로 화를 냈다면, 감옥에 있지 않았을 것입니다. 바울의 관심은 그들이 주는 고통이나 곤경이 아니라, 그리스도였습니다. 바울은 그리스도께서 선포되고 있다는 사실이야말로 중요하다는 것을 인식했고, 만약 그러한 선포가 그에게 더 많은 시련을 가져다준다고 할지라도 그는 더욱더 기뻐했을 것입니다.

바울처럼 우리도 갈등에 빠질 수 있습니다. 바울은 두 세계 사이에서 고민합니다. 한편으로는 가이사에게 호소함으로써 처형될 수 있다는 것을 알았고, 그것은 그가 예수님과 함께하게 되리라는 것을 의미했습니다. 바로 그 생각이 바울의 마음과 정신을 사로잡았습니다. 다메섹으로 가는 길에서 마주쳤던 그리스도를 눈으로 보게 되다니! 슬픔을 주고 천상의 축하연을 받게 된다니, 쇠사슬과 면류관을 맞바꾸게 된다니 말입니다. 바울이 "죽는 것도 유익함이라"(빌 1:21)라고 말한 것도 당연합니다.

그러나 한편으로는 살고 싶었습니다. 관에 실려 나가는 것이 아니라 두 발로 감옥에서 걸어 나가고 싶었습니다. 죽음이 두려워서가 아닙니다. 우리는 그가 그리스도와 함께하고 싶어 했음을 이미 알고 있습니다. 그리스도를 위해 할 일이 아직 더 남아 있었기 때문입니다. 바울은 복음을 더 빨리 더 널리 전하기 위해서 자기에게 주어진 사명을 계속해 나가길 바랐습니다. 죽음은 그에게 유익한 일이 되겠지만, 삶은 그리스도께 유익한 일이 될 것입니다. 하나님이 허락하신 매 순간이 예수님을 드러내는 삶이 될 것이기 때문입니다.

이 세상에서 그리스도를 위해 사는 것과 다음 세상에서 그리스도와 함께 사는 것 가운데 무엇이 더 좋을까요? 바울에게는 더 좋다고 할 만한 것이 없습니다. 두 가지 모두 예수 그리스도가 있기 때문입니다.

언젠가 우리의 삶은 요약될 것입니다. 우리의 묘비에서 태어난 날과 죽은 날을 가르는 것은 짧은 가로줄 단 하나뿐일 것입니다. 그러니 스물여섯 살에 죽든 아흔여섯 살에 죽든 그것은 중요하지 않습니다. 중요한 것은 살았던 시간의 길이가 아니라 어떻게 살았는가, 더 중요하게는 누구를 위해 살았는가입니다.

바울은 자신의 짧은 가로줄을 헛되이 쓰지 않았습니다. 흙먼지 가득한 길 위에서 새로운 피조물이 된 순간부터 선교 여행, 시련, 투옥을 거치며 바울은 전적으로 그리스도를 위해 살았습니다. 이것이 바로 그가 로마 감옥에서 살았던 방식이며, 하나님이 석방하기를 원하신다면 어떻게 살 것인지에 대해 그가 계획한 방식이었습니다.

한마음 한뜻으로 서면 두렵지 않아

27오직 너희는 그리스도의 복음에 합당하게 생활하라 이는 내가 너희에게 가 보나 떠나 있으나 너희가 한마음으로 서서 한뜻으로 복음의 신앙을 위하여 협력하는 것과 28무슨 일에든지 대적하는 자들 때문에 두려워하지 아니하는 이 일을 듣고자 함이라 이것이 그들에게는 멸망의 증거요 너희에게는 구원의 증거니 이는 하나님께로부터 난 것이라 29그리스도를 위하여 너희에게 은혜를 주신 것은 다만 그를 믿을 뿐 아니라 또한 그를 위하여 고난도 받게 하려 하심이라 30너희에게도 그와 같은 싸움이 있으니 너희가 내 안에서 본 바요 이제도 내 안에서 듣는 바니라(빌 1:27~30)

바울은 빌립보 성도들을 위해 한 가지 사실을 지적했습니다. "내가 원하는 한 가지가 있습니다. 그것은 생사의 기로에서 내가 겪은 경험이나 투쟁에 여러분이 머물지 않는 것입니다. 나는 여러분에게 권합니다. 그리스도의 복음에 합당하게 살아가십시오."

빌립보 교회의 모든 성도가 돌아보게 되었습니다. "나는 복음에 합당하게 살고 있는가?" 자신이 부당하게 대했던 동료, 배신했던 이웃, 용서를 구해야 할 친구가 눈에 들어왔을 것입니다. 과연 그들을 내버려 둔 채로 복음에 합당하게 살고 있노라고 바울의 눈을 쳐다보며 말할 수 있을까요?

이것이 바로 그들의 친구이자 신앙의 멘토인 바울이 로마 감옥에서 그리스도를 계속 선포하면서 요구했던 한 가지입니다. '천국 시민이라는 진정한 정체성에 따라 살아라. 그러면 세상이 우리 안에 있는 복음을 보게 될 것이다.'

바울은 교회가 경청해야 할 내용을 정확히 말하고 있습니다. 그는 빌립보 성도들이 그의 역경을 거리가 먼 일로, 그들과 무관한 일로 여기기를 원하지 않았습니다. 그들은 준비해야 했습니다. 만약 준비되어 있지 않다면, 대적이 다가오고 있으니 대비할 필요가 있습니다. "한마음으로 서서 한뜻으로 복음의 신앙을 위하여 협력"(27절)해야 합니다. 그들은 그리스도를 위해 고난당하게 될 것입니다. 그리고 바울과 똑같은 갈등을 겪게 될 것입니다. 그들은 과연 그럴 준비가 되어 있었을까요?

초대교회 성도라면 누구나 이 질문에 답해야 했습니다. AD 64년, 역사학자 타키투스가 소년일 때, 네로가 로마의 상당 지역을 불태우고 그리스도인에게 그 탓을 돌렸습니다. 그리고 결국 지중해 전역의 교회에 끔찍한 박해를 시작했습니다. 네로 치하에서 베드로와 바울이 순교했습니다.

곧 박해가 일어날 것이므로 빌립보 성도들은 그들이 생각하는 것보다 훨씬 더 바울의 편지가 필요했습니다. 그들은 바울과 같은 곤경에 처하게 될 것이기 때문입니다. 이것이 바로 바울이 그들과 우리에게 도전한 이유입니다. "그를 믿을 뿐 아니라 또한 그를 위하여 고난도"(29절) 받아야 한다는 것입니다.

왜 그래야 할까요? 바울이 투옥됨으로써 복음이 널리 전해진 것처럼 박해를 통해 복음이 온 세상에 퍼지기 때문입니다. 세상은 그리스도인이 그리스도를 위해 고난받고 죽어 가는 모습을 보고, 하나님을 믿는 것이 진정 무엇인지 생각하게 될 것입니다. 빌립보 성도들은 많은 희생을 치렀지만, 기억했습니다. "세상이 너희를 미워하면 너희보다 먼저 나를 미워한 줄을 알라"(요 15:18).

알짬 교리 **99**

교회의 덕을 세움

'교회의 덕을 세운다'는 것은 개별적으로나 집단적으로 성장과 성숙을 기하는 것을 의미합니다. 성경은 성장이나 성숙이 일어날 수 있는 여러 방식에 관해 이야기합니다. 예를 들면, 그리스도인의 상호 교제와 같은 것입니다(고전 12:26; 갈 6:2). 또한 교회는 성경 말씀을 선포하고 가르침으로써(엡 4:11) 성도들이 하나님의 온전하신 뜻을 이해하고 받아들일 수 있도록 돕습니다. 결국 '교회의 덕을 세운다'는 것은 성도들이 하나님 나라의 사명을 감당하며 살 수 있도록 준비시킴으로써 그리스도의 몸을 세우는 것입니다.

그리스도와의 연결

바울은 자신이 투옥되었다고 해서 하나님의 사역이 멈춘 것이 아님을 알았습니다. 그는 하나님이 주권적으로 자신의 삶을 통해 하나님 나라를 확장시키고 교회를 세울 계획을 세우셨음을 믿었습니다. 바울은 예수님의 고통을 통해 우리가 구원받았으니, 하나님의 백성이 고난받음으로써 하나님의 사역이 이루어져 갈 것임을 이해했습니다.

YOUR STORY

하나님이 들려주시는 이야기는 오늘을 사는 나와 늘 연결되어 있습니다. 아래 질문에 답하면서 성경 이야기가 내 이야기와 어떻게 연결되는지 생각해 봅시다.

▶ **어려움을 겪는 바울에게 빌립보 성도들은 큰 힘이 되어 주었습니다. 이처럼 어려움을 겪는 주위 사람에게 힘이 되어 주기 위해 우리가 할 수 있는 일에는 무엇이 있을까요?**
말씀을 전하거나 기도해 줄 수 있습니다. 또 좋은 친구가 되어 주거나 함께 있어 줌으로써 격려할 수 있습니다.

▶ **여러분은 하루하루를 어떤 목적으로 살아가고 있나요? 그에 맞춰 여러분의 시간과 에너지와 열정과 자원을 쓰는 방식을 어떤 식으로 바꿀 필요가 있을까요?**
이 질문에 관한 답변은 다양할 것입니다.

▶ **죽음에 관한 우리의 관점은 믿지 않는 사람들에게 어떤 격려와 도전을 줄 수 있을까요?**
본질적으로 우리는 살든지 죽든지 오직 예수님을 주님으로 섬깁니다. 우리는 예수님이 세상의 어떤 것보다 가치 있는 분임을 보여 주는 삶을 삽니다. 우리는 그리스도를 만났기 때문에 죽는 것도 유익이라는 것을 다른 사람들에게 보여 줌으로써 그분의 가치를 드러낼 수 있습니다. 이러한 태도는 믿지 않는 사람들에게 도전이 될 것입니다. 믿지 않는 사람들은 죽음을 어떻게 생각해야 할지 알지 못하고, 대부분의 사람들이 이전과 같은 이런 태도로는 이해할 수도 없습니다. 그렇기 때문에 예수님에 대한 우리의 생각과 행동은 사람들에게 용기와 도전을 줄 것입니다.

▶ **우리는 믿음의 역경에 어떻게 반응하나요? 바울이 빌립보 성도들에게 보낸 격려 편지의 교훈은 무엇인가요?**
이 질문에 관한 답변은 다양할 것입니다.

하나님의 이야기
하나님이 그분의 아들 예수 그리스도를 통해 우리를 구속해 주신 이야기

우리의 이야기
우리의 이야기가 하나님의 이야기와 만나는 곳

YOUR MISSION

생 각

하나님은 바울의 피땀과 눈물을 헛되이 사용하지 않으셨습니다. 또한 우리의 피땀과 눈물도 헛되이 사용하지 않으실 것입니다. 그리스도께서는 우리의 명예보다 신실함을 더 중요하게 여기십니다. 은혜가 펼쳐지는 무대에서 우리가 맡은 배역이 무엇이든지, 즉 우리가 매우 보잘것없더라도 하나님은 우리가 당하는 고난과 그 고난을 통해 경험하는 기쁨을 사용하실 것입니다. 우리의 고통은 우리가 상상할 수 없는 방식으로 복음을 진전시킵니다.

- 예수님께 신실함이 더 중요한 이유는 무엇일까요?

  이 질문에 관한 답변은 다양할 것입니다.

- 우리가 다른 무엇보다 예수님께 신실하려고 노력하는 것은 다른 사람들에게 무엇을 보여 주게 될까요?

  주님을 무엇보다도 귀하게 여김을 보여 줍니다.

마 음

우리는 머리로 아는 것과 마음으로 느끼는 것이 일치하지 않아서 씨름할 때가 많습니다. 상황이 어떠하든지 그리스도를 위해 살아야 함을 아는 것과, 어려움 가운데에서도 그리스도를 위해 살며 기쁨을 느끼는 것은 다른 일입니다. 그 차이를 줄이기 위해 할 수 있는 일이 있을까요? 만약 오늘의 몫으로 기쁨을 느낄 수 없다면, 내일의 몫에서 가져오면 됩니다. 미래에 그리스도와 함께 사는 소망이 지금 그분을 위해 사는 여러분의 기쁨을 키워 가게 해 주세요.

- 하나님 안에서 누리는 기쁨이 얼마나 오래가나요? 기쁨을 누리며 사는 데 가장 큰 어려움은 무엇인가요?

  이 질문에 관한 답변은 다양할 것입니다.

- 하나님이 아닌 다른 것에서 궁극적인 즐거움을 찾으려 한다면 어떤 일이 일어날까요?

  잠깐 행복할 수는 있지만, 그리 오래가지는 않을 것입니다. 죄는 만족을 약속하지만, 성경은 죄로 인한 기쁨은 순간적이라고 말합니다. 죄는 기쁨을 주겠다고 약속하며 우리를 기만하지만, 순간적인 기쁨만 주고 결국 고통만을 남길 뿐입니다.

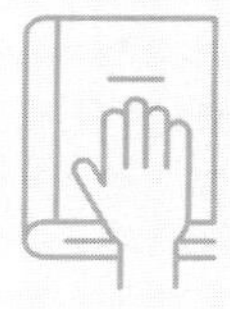

행 동

루마니아 출신의 범브란트 목사는 신앙 때문에 투옥되었을 때, 원수를 미워하면서 동시에 사랑할 수 없음을 깨달았습니다. 그래서 그는 자신을 고문하는 자들을 용서했습니다. 공산주의자들은 그의 얼굴에서 기쁨을 발견했고, 많은 이가 개종하게 되었습니다. 그중 몇몇은 목사나 선교사나 사역자가 되었습니다. 성도의 고난은 종종 피 흘림과 죽음을 통해 선교의 계기가 되기도 합니다. 범브란트 목사는 그것을 깨달았고, 바울도 알았습니다. 그리고 현재 전 세계에서 사슬에 매여 고통당하고 있는 그리스도인들도 그것을 알고 있습니다.

- 예수님을 전하기 위해 지금 고통당하고 있는 전 세계 그리스도인들을 위해 잠시 멈추어 기도하세요.

  소그룹에서 이것을 기도 제목으로 맘껏 기도하도록 인도해 보세요.

- 어떻게 하면 예수님 안에서 누리는 기쁨을 다른 사람들에게 알릴 수 있을까요?

  이 질문에 관한 답변은 다양할 것입니다.

> 다음 모임까지
> **사도행전 20:4-26:32을** 읽어 보세요.

05

알고 있니?
화목하게 하시는 분을

요약

5과에서는 이단의 가르침이 빠르게 번지고 있다는 에바브로의 말을 들은 바울이 골로새 교회를 향해 쓴 편지를 살펴봅니다. 바울은 예수 그리스도의 인격과 사역으로 교회를 인도했습니다. 그리스도의 십자가는 신학자들이 곰곰이 생각해야 할 이론이 아니라 치유와 회복과 화해가 일어나는 실제 삶이자 생생한 현실입니다. 우리는 바울의 말을 위, 아래, 옆의 세 방향으로 살펴볼 것입니다. 십자가를 통해, 그리스도께서는 아버지와 우리를 화목하게 하시고, 우리와 만물을 화목하게 하시고, 우리를 서로 화목하게 하십니다.

성 경

골로새서 1장 15절~2장 3절

HIS STORY

포 인 트   예수님은 세상을, 하나님과 우리를, 우리 서로를 회복시키신다.

등 장 인 물   바울(예수님을 핍박하다가 결국 그분을 따르게 되고 이방인의 사도가 됨)

메시지 좌표   이제 우리는 바울의 또 다른 옥중 서신인 골로새서를 살펴볼 것입니다. 다른 교회들과 마찬가지로 골로새 교회도 안팎으로 어려움을 겪고 있었습니다. 지금의 터키 지역에 있던 골로새는 바울 시대에 부유한 이웃 도시 라오디게아나 히에라볼리와 더불어 동서 교통의 요지였습니다. 믿는 자들 사이에 내부적 갈등이 확실히 있었습니다. 게다가 골로새 교회에 위험한 이단들이 활보하기 시작했습니다. 결국 이단 세력은 수십 년 뒤에 많은 교회에 문제를 일으켰습니다.

도 입 5~10분

2001년 9월 11일, 4대의 민간 항공기가 납치되었습니다. 그 가운데 보잉 767기 2대가 뉴욕의 세계무역센터 쌍둥이 빌딩에 충돌하고, 보잉 757기 2대가 펜타곤과 펜실베이니아 남서부 들판에 떨어졌습니다. 전 세계는 공포에 떨며 이 모습을 지켜봤습니다. 60여 년 전, 제2차 세계대전 당시의 진주만 공습 이래로 미국이 당한 가장 치명적인 공격이었습니다. 타워에 갇힌 사람들은 어려운 결정을 내려야만 했습니다. 몇몇은 사랑하는 사람과 마지막 통화를 하며 속수무책으로 죽음을 기다렸고, 몇몇은 사나운 불길을 뚫고 아수라장 같은 계단을 내려가려고 애썼습니다. 또 몇몇은 100층 건물에서 뛰어내리는 상상하기 힘든 일을 감행했습니다. 이윽고 쌍둥이 빌딩이 전 세계 사람들의 마음과 함께 무너졌습니다.

그 주 일요일인 9월 16일, 교회에 출석한 사람이 급증했습니다. 평소에 비어 있던 교회 의자들이 종교적 해답을 구하러 찾아온 사람들로 가득 찼습니다. 왜 하나님은 이렇게 악한 일이 일어나도록 허락하셨는지, 쌍둥이 빌딩이 무너질 때 하나님은 어디에 계셨는지, 사람이 죽으면 어떻게 되는지 그들은 알고 싶어 했습니다.

바울은 로마 감옥에 갇혀 있는 동안, 이단의 가르침으로 분열될 위기에 처한 골로새 교회에 이처럼 어려운 질문들을 다루는 편지를 보냈습니다. 골로새 교회는 빌립보 교회와 달리 바울이 직접 세운 교회가 아니었습니다. 그렇지만 바울은 이 교회를 자신이 세운 교회와 마찬가지로 생각했습니다. 석방되면 골로새를 방문하기를 원했고, 빌레몬이라는 친구가 있어서 그에게 숙소를 마련해 달라고 부탁하기도 했습니다(몬 1:22). 하지만 그는 골로새에 가지 못했습니다.

▶ 이처럼 어려운 문제에 대해 하나님께 질문해 보았거나, 혹은 질문해 봤다는 말을 들어본 적이 있나요? 여러분이라면 이러한 질문에 어떻게 대답할 것인가요?

만물을 화목하게 하시는 예수님을 찬송하라

골로새 교회에 어떤 종류의 이단이 유입되었는지는 알 수 없습니다만 최소 세 줄기가 엮어 있었습니다. 헬라 철학(골 2:8), 이교도의 관습(골 2:23; 3:5), 영지주의의 기원(골 2:9)입니다. 영지주의는 이후 몇 세기 동안 교회를 유혹하고, 다름 아닌 기독교 신앙의 뼈대를 끌어내리려고 한 이단입니다.

바울은 이런 종류의 이단이 가진 위험성을 인식했습니다. 이것이 그로 하여금 교회에 참되신 그리스도만을 바라볼 것을 촉구하게 했습니다.

[15]그는 보이지 아니하는 하나님의 형상이시요 모든 피조물보다 먼저 나신 이시니 [16]만물이 그에게서 창조되되 하늘과 땅에서 보이는 것들과 보이지 않는 것들과 혹은 왕권들이나 주권들이나 통치자들이나 권세들이나 만물이 다 그로 말미암고 그를 위하여 창조되었고 [17]또한 그가 만물보다 먼저 계시고 만물이 그 안에 함께 섰느니라 [18]그는 몸인 교회의 머리시라 그가 근본이시요 죽은 자들 가운데서 먼저 나신 이시니 이는 친히 만물의 으뜸이 되려 하심이요 [19]아버지께서는 모든 충만으로 예수 안에 거하게 하시고 [20]그의 십자가의 피로 화평을 이루사 만물 곧 땅에 있는 것들이나 하늘에 있는 것들이 그로 말미암아 자기와 화목하게 되기를 기뻐하심이라(골 1:15~20)

그리스도에 관한 골로새 성도들의 오해를 바로잡기 위해서 바울은 많은 사람이 그리스도께서 창조주로서 가지신 우월성을 표현한 초대교회의 찬송을 믿는다는 것을 이용했습니다. 하나님의 아들은 피조물이 아니시며, "만물보다 먼저"(17절) 계셨던 창조주이십니다. "만물이 그에게서 창조"되었고, "만물이 다 그로 말미암고 그를 위하여 창조"되었습니다(16절). 게다가 "만물이 그 안에 함께"(17절) 섰으니, 이는 그리스도께서 만물을 창조하시고, 알아서 살아가도록 내버려 둔 채 떠나시지 않았다는 뜻입니다. 그분은 계속해서 자기의 피조물에 적극적으로 관여하십니다. 하나님의 아들은 창조주이며 만물을 다스리시는 분입니다.

바울이 그리스도가 만물의 창조주이시자 모든 것의 시작이심을 확인하는 것으로써 골로새 교회를 어지럽히던 이단 세력을 맹공격하기 시작한 이유는 무엇일까요? 영지주의 사상의 핵심이 영과 육의 뚜렷한 구분에 있었기 때문입니다. 영지주의자들은 오직 영적인 것만이 선하다고 믿었습니다. 모든 육적인 것, 즉 피조물은 악한 것이라고 여겼습니다. 이것이 바로 그들이 예수님의 인성을 부인한 이유입니다. 그들은 하나님의 아들이라면 몸을 취하실 수 없었을 것이라고 믿었습니다. 왜냐하면 그것은 스스로 악을 입는 것과 같기 때문입니다. 그 대신에 그들은 예수님이 진짜 인간이 아니라 단지 그렇게 보이셨을 뿐이라고 주장했습니다. 바울은 골로새서 1장에서 이것을 직접적으로 언급합니다.

"이제는 그의 육체의 죽음으로 말미암아 화목하게 하사"(골 1:22). 그리고 다음 장에서는 "그 안에는 신성의 모든 충만이 육체로 거하시고"(골 2:9)라고 썼습니다.

하나님이 "모든 충만으로 예수 안에"(19절) 거하시는 그리스도께서는 모든 피조물 위에 뛰어난 분이요 "먼저 나신 이"(18절)입니다. "먼저 나신 이"란 영원하신 하나님에 관해 말할 때 쓰인 특별한 용어입니다. 그리스도께서 창조주이시라면 어떻게 먼저 나실 수 있을까요? 그 답은 이 용어가 문자 그대로의 뜻이 아니라는 것에 있습니다.

하나님과 화목하게 하시는 예수님을 찬송하라

바울은 모든 피조물을 화목하게 하시는 그리스도의 사역을 바라보도록 골로새 성도들을 인도하면서 이야기를 시작했습니다. 이제 하나님과 사람을 화목하게 하시는 그리스도의 사역에 초점을 맞출 때가 되었습니다.

²¹전에 악한 행실로 멀리 떠나 마음으로 원수가 되었던 너희를 ²²이제는 그의 육체의 죽음으로 말미암아 화목하게 하사 너희를 거룩하고 흠 없고 책망할 것이 없는 자로 그 앞에 세우고자 하셨으니 ²³만일 너희가 믿음에 거하고 터 위에 굳게 서서 너희 들은 바 복음의 소망에서 흔들리지 아니하면 그리하리라 이 복음은 천하 만민에게 전파된 바요 나 바울은 이 복음의 일꾼이 되었노라(골 1:21~23)

십자가의 빛은 어두운 죄를 등지고 있을 때 가장 밝게 빛납니다. 자신의 죽음을 통해 인간을 화목하게 하시는 그리스도의 광채를 보려면, 골로새 성도들은 먼저 화목이 필요하다는 사실을 절실히 느껴야만 했습니다. 그래서 바울은 친절하게 그들로 하여금 그리스도 앞에서 자신이 누구인가를 상기할 수 있도록 했습니다. 그들은 하나님을 '멀리 떠나' '원수'가 되었습니다. 그들은 이러한 적대감을 '악한 행실'로 드러냈습니다. 피조물만이 화목해야 하는 것이 아니었습니다. 이단 세력만이 교회에 침투했던 것도 아니었습니다. 골로새 성도들은 바로 자신들이 하나님과의 올바른 관계가 필요한 존재임을 날마다 기억해야 했습니다.

그리스도께서는 피조물을 화목하게 하는 데 뛰어나신 것처럼 우리로 하여금 하나님과 화목하게 하는 데도 뛰어나십니다. 그분은 육신을 입으시고 우리를 대신하여 자기 몸을 내어 주심으로써 이 모든 것을 이루셨습니다. 그리스도께서 십자가에서 흘리신 피로 말미암아 우리는 더 이상 하나님과 멀어진 원수이거나 악한 존재가 아닙니다. 옛 사람은 이미 그리스도와 함께 십자가에 못 박혔기 때문입니다. 이전 사람은 그리스도 안에서 새로운 생명과 새로운 정체성을 얻었습니다. 이 새 사람은 거룩하고 흠 없고 책망할 것이 없는 자로 선포됨으로써 그리스도께서 그를 하나님 아버지께로 올려드립니다. 이것이 그리스도의 화해가 가져오는 근본적인 변화입니다. 주님이 죄의 저주를 없애셨습니다. 깨어진 것을 회복하시고, 잘못된 것을 바로잡으셨습니다. 우리가 아니라 그리스도께서 화목하게 하는 사역을 성취하셨습니다. 그리고 이것이 바로 주님이 우리 구원의 영광을 받으시는 이유입니다.

예수님 앞에서 내 모습이 어떻게 바뀌었나요? 예수님이 나를 어떻게 변화시켜 나가고 계신가요?

서로 화목하여 예수님을 찬송하자

골로새 교회는 실로 '시냇가에 심긴 나무'(시 1:3)와 같았습니다. 그곳은 차갑고 상쾌한 리쿠스강이 흐르는 곳에 있었기 때문입니다. 근처 히에라볼리에는 천연 광물이 풍부한 온천이 있었습니다. 오늘날에도 관광객들이 여전히 몰리고 있습니다. 하지만 세 번째 도시인 라오디게아의 물은 문제가 있었습니다. 그곳 물은 미지근한데다가 유황이 섞여 있어서 역겨웠기 때문에 8km 떨어진 도시에서 수로를 통해 물을 끌어와야 했습니다.

바울이 라오디게아 교회에도 편지를 썼지만, 아직까지는 발견되지 않았습니다(골 4:16). 예수님이 밧모섬에서 있던 요한을 통해 라오디게아 성도들에게 편지를 쓰실 것입니다.

예수님은 그들의 사역이 차지도 않고 뜨겁지도 않게 미지근하다고 말씀하셨습니다(계 3:15~16). 다시 말해서, 그들의 행위는 온천욕을 할 만큼 뜨겁지도 않고, 마실 만큼 차갑지도 않았다는 뜻입니다. 그래서 예수님은 그들을 입에서

토해 내겠다고 말씀하셨습니다(계 3:16).

바울은 골로새 성도들에게 보낸 편지에서 라오디게아 교회를 언급했습니다. 예수님처럼 바울도 그들의 행위에 역겨워 하며 그들에게 사랑으로 하나가 될 것을 권고했습니다.

24나는 이제 너희를 위하여 받는 괴로움을 기뻐하고 그리스도의 남은 고난을 그의 몸 된 교회를 위하여 내 육체에 채우노라 25내가 교회의 일꾼 된 것은 하나님이 너희를 위하여 내게 주신 직분을 따라 하나님의 말씀을 이루려 함이니라 26이 비밀은 만세와 만대로부터 감추어졌던 것인데 이제는 그의 성도들에게 나타났고 27하나님이 그들로 하여금 이 비밀의 영광이 이방인 가운데 얼마나 풍성한지를 알게 하려 하심이라 이 비밀은 너희 안에 계신 그리스도시니 곧 영광의 소망이니라 28우리가 그를 전파하여 각 사람을 권하고 모든 지혜로 각 사람을 가르침은 각 사람을 그리스도 안에서 완전한 자로 세우려 함이니 29이를 위하여 나도 내 속에서 능력으로 역사하시는 이의 역사를 따라 힘을 다하여 수고하노라 1내가 너희와 라오디게아에 있는 자들과 무릇 내 육신의 얼굴을 보지 못한 자들을 위하여 얼마나 힘쓰는지를 너희가 알기를 원하노니 2이는 그들로 마음에 위안을 받고 사랑 안에서 연합하여 확실한 이해의 모든 풍성함과 하나님의 비밀인 그리스도를 깨닫게 하려 함이니 3그 안에는 지혜와 지식의 모든 보화가 감추어져 있느니라(골 1:24~2:3)

본문에서 바울이 지적한 핵심은 이것입니다. 우리를 하나님 아버지와 화목하게 하신 그리스도께서 또한 우리로 하여금 서로 화목하게 하십니다. 십자가는 위아래 수직으로 이어지기도 하지만 동시에 좌우로도 확장됩니다. 하나님과의 화목은 곧 다른 사람들과의 화목으로 연결됩니다. 사실, 예수님도 제자들에게 "우리가 우리에게 죄지은 모든 사람을 용서하오니 우리 죄도 사하여 주시옵고"(눅 11:4)라고 기도하라고 가르치셨습니다.

라오디게아는 그들보다 발달한 자매 도시 골로새와는 겨룰 수가 없었습니다(400년이나 앞서 세워졌기 때문입니다). 골로새는 뿌리 깊은 문화유산과 부유한 수출품과 유려한 보석과 담수로 유명했습니다. 게다가 지중해 북동부에서 페르시아로 이어지는 로열로드에 있었으니 지리적으로도 더 나았습니다.

그런데 두 교회는 모두 어려움을 겪고 있었습니다. 골로새 교회는 이단 세력과 씨름했고, 라오디게아 교회는 미지근한 믿음과 씨름하고 있었습니다.

바울은 교회가 사랑으로 연결되고 긴밀하게 연합할 것을 권면했습니다. 그는 교회가 얼마나 적대적이 될 수 있는지를 알았기 때문입니다. 바울은 가정하여 말하지 않았습니다. 그는 개인적인 목회의 경험으로 말하고 있습니다. 그리스도께서 우리로 하여금 서로 화목하게 해 주셨지만, 여전히 우리가 해야 할 일이 있습니다. 그리고 그것은 쉽지 않은 일입니다. 다른 사람을 사랑하는 일은 어렵습니다. 다른 사람들이 우리를 사랑하는 일도 어려울 것입니다. 그러나 노력할 만한 가치가 있는 일입니다. 그리스도의 교회가 사랑으로 하나 될수록, 우리는 우리의 가장 귀한 보물이신 그리스도를 더 잘 알게 되고, 그분이 받기에 합당하신 영광을 올려 드리며 살 수 있게 됩니다.

만약 바울이 여러분의 교회 안에서 이루어지는 사랑에 관해 편지를 쓴다면 과연 어떤 말을 해 줄 수 있을까요?

알짬 교리 **99**

화목 제물이신 그리스도

에덴동산에서 첫 번째 남녀가 타락한 이후에 하나님과 인류는 멀어졌습니다. 죄의 결과로 인간은 하나님과의 관계가 소원해졌을 뿐만 아니라 적대적이 되었습니다. 죄는 무한하신 하나님에 대한 무한한 도발입니다. 감사하게도 하나님은 원수를 사랑하셔서 그리스도를 보내 우리와 하나님 사이를 화목하게 하셨습니다. 하나님은 그리스도의 죽음을 통해 깨어진 관계를 회복하고 새롭게 하십니다(롬 6:23; 고후 5:18~19).

그리스도와의 연결

바울은 감옥에서 그리스도의 위엄을 선포함으로써 하나님의 백성들에게 용기를 주었습니다. 그리스도는 하나님의 아들이시요 십자가 사역을 통해 하나님과 우리를 화목하게 하십니다. 그리스도인의 성장과 성숙은 복음을 넘어 다른 성경의 가르침으로 옮겨 감으로써 일어나는 것이 아니라 오직 그리스도께 계속해서 집중함으로써 일어납니다. 그리스도는 성경의 중심이자 교회의 머리이십니다.

YOUR STORY

하나님이 들려주시는 이야기는 오늘을 사는 나와 늘 연결되어 있습니다. 아래 질문에 답하면서 성경 이야기가 내 이야기와 어떻게 연결되는지 생각해 봅시다.

▶ **그리스도께서 만물을 화목하게 하시리라는 생각이 중요한 이유는 무엇인가요?**
그리스도께서는 죄의 저주를 풀어 주기 위해 오셨습니다. 죄는 하나님과, 다른 사람들과, 주변 세계와 깨어진 관계를 통해 들어옵니다. 언젠가 예수님은 에덴동산에서 잃어버렸던 것들을 완전히 회복하실 것입니다. 그렇게 될 때, 우리는 본래 의도하신 대로 온전한 관계를 경험할 수 있게 될 것입니다.

▶ **다른 그리스도인들을 향한 우리의 사랑을 볼 때 세상은 어떤 생각을 할까요?**
이 질문에 관한 답변은 다양할 것입니다.

▶ **교회에서 용서를 구하거나 용서함으로써 화목해야 할 사람이 있나요?**
이 질문에 관한 답변은 다양할 것입니다.

▶ **이번 과에서 배운 것 중에 무엇이 가장 인상적이었나요?**
이 질문에 관한 답변은 다양할 것입니다.

하나님의 이야기
하나님이 그분의 아들
예수 그리스도를 통해
우리를 구속해 주신 이야기

우리의 이야기
우리의 이야기가
하나님의 이야기와
만나는 곳

YOUR MISSION

5~10분

생 각

1세기에 바울이 다루었던 것과 같은 이단들은 하룻밤에 생기지 않습니다. 교회는 대개 시대 흐름에 따라 천천히 변화하며 점차 이단에 물들어 갔습니다. 살면서 이단을 만나거나, 어떤 특정한 죄에 빠진 적이 있나요? 그게 죄라는 것을 깨닫기도 전에 죄에 사로잡혀 본 적이 있나요? 이단 세력이 일어나는 방식은 비슷합니다. 온전하고 거룩하신 하나님의 말씀에 자기 자신을 내어 놓지 않을 때, 우리는 복음에서 한 걸음씩 멀어지기 시작합니다.

- **하나님의 말씀에서 벗어난 사람들을 속이는 현대 이단에는 어떤 것들이 있나요?**
  사람들에게 인기 있는 가르침은 건강, 부, 번영의 복음입니다. 건강하지 않고, 부유하지 않고, 번영하지 않으면 충실한 그리스도인으로 살 수 없다고 설득합니다.

- **어떻게 하면 잘못된 신학으로부터 자신을 보호할 수 있을까요?**
  가짜를 찾아내는 최선의 방법은 진짜와 시간을 보내는 것입니다. 성경을 읽고 또 읽고 공부하고 기도하고 마음에 두면, 가짜 복음이 올 때 잘 벗어날 수 있습니다.

마 음

바울은 골로새서 1장 23절에서 어떤 뜻으로 "만일"을 말했을까요? 만일 우리가 믿음의 터에 거한다면 화목할 것이며, 거룩하고 흠 없고 책망할 것이 없는 자가 될 것입니다. 바울이 믿음의 터에 거하는 우리 능력으로 화목하게 된다고 말한 것일까요? 정반대로, 그는 믿음에 거함이란, 즉 뿌리내림이란 우리가 어떻게 구원받았는지를 아는 것이라고 말하고 있습니다. 복음 안에서 변함없이 믿고 소망하는 것은 하나님의 구원 사역이 우리 삶에 나타나는 증거입니다.

- **우리 안에서 하나님의 성령이 역사하시는 또 다른 증거는 무엇인가요?**
  하나님의 성령이 역사하시는 것을 알기 위한 가장 좋은 방법은 갈라디아서 5장 22~26절에서 바울이 말한 성령의 열매를 찾아보는 것입니다.

- **어떻게 하면 복음에 좀 더 뿌리내리고 살아갈 수 있을까요?**
  이 질문에 관한 답변은 다양할 것입니다.

행 동

그리스도께서 만물을 창조하고 다스리십니다. 심지어 피조물이 타락한 후에도 돌봐 주십니다. 하나님이 어떤 분이신지, 우리가 피조물로서 어떻게 살아야 하는지 알려 주십니다. 그리스도께서는 피조물 위에 뛰어난 분이시며 피조물의 세포 하나하나가 그분의 영광을 위해서 존재합니다. 그분은 우리를 둘러싼 세상에 신경을 쓰십니다. 그러니 우리도 그래야 합니다.

- **그리스도께서 세상을 창조하고 다스리심을 알면 우리 삶의 방식이 어떻게 달라질까요?**
  예수님이 세상을 통치하고 계시며 미래에 다시 오셔서 모든 것을 회복하신다는 사실은 우리의 삶의 방식을 성찰하게 합니다. 만약 우리가 삶에서 예수님을 중요하게 생각하는 진정한 믿음의 사람이라면, 그분의 임하심과 통치는 우리에게 특정한 방식으로 행동하고 말하고 사랑하도록 동기를 부여합니다.

- **그리스도께서 만물을 창조하고 다스리심을 알면, 쓰레기 투기나 재활용 분류나 멸종 위기 종 보호 같은 문제들을 어떻게 다루게 될까요?**
  그리스도의 창조와 피조세계의 관계에 대해 이야기할 수 있도록 격려해 줍니다.

다음 모임까지
사도행전 27~28장;
빌립보서 1~4장을
읽어 보세요.

06

오네시모는
내 친구, 내 형제야

요 약

6과에서 빌레몬서를 살펴보는 동안 우리는 바울이 교회의 화목을 이루려 하고 있음을 알아채야 합니다. 하나님의 종 바울은 빌레몬에게 율법이나 의무나 책임이 아닌 사랑을 생각하라고 촉구합니다. 오네시모를 종이 아닌 형제로 받아들이라는 바울의 말 덕분에 우리는 자신의 교만을 살피고, 타인에 대한 우리 관점을 그리스도의 관점에 맞추어 조정하도록 도전받습니다. 바울은 우리가 그리스도께서 보여 주신 인종적, 근원적, 구속적 화해를 드러내며 살아가도록 돕습니다.

성 경

빌레몬서 1장 8~22절

HIS STORY

포 인 트 하나님은 그리스도의 마음을 본받아 화목하게 하는 자가 되라고 하신다.

등 장 인 물 바울(예수님을 핍박하다가 결국 그분을 따르게 되고 이방인의 사도가 됨)
빌레몬(오네시모를 종으로 부렸던 부자 주인)
오네시모(빌레몬의 종이었으나 죄를 짓고 도망쳐 그리스도인이 됨)

메시지 좌표 빌레몬서는 바울의 다른 서신들과 다릅니다. 짧은 편지이지만, 종살이나 화목이나 그리스도 안에서의 정체성 같은 문제들에 관련된 복음 진리로 가득합니다.

도 입

5~10분

토마스 L. 존슨은 자신이 포로에서 자유인이 된 예기치 않은 여정을 저서 《노예, 28년》에서 회고했습니다. 1840년대 버지니아 농장에서 자란 존슨은 노예들의 온갖 참상을 목격했습니다. 기둥에 매여 채찍을 맞거나 느닷없이 처형되거나 노예 시장에서 가족들이 팔려 나가는 모습을 봐야 했습니다. 존슨은 에이브러햄 링컨이 미국 내 모든 노예의 해방을 선포한 남북전쟁 이후에 자유인이 되었습니다.

존슨은 저명한 설교가이자 노예제도 폐지론자인 찰스 스펄전이 쓴 기도에 관한 소책자를 읽게 되었습니다. 그는 성경 다음으로 도움을 준 그 책의 저자 스펄전에게 편지를 썼습니다. 스펄전은 존슨의 영국행 경비를 지원했고, 그를 신학교에 입학시켰습니다. 존슨은 그 학교 최초의 흑인 학생이 되었습니다. 스펄전은 존슨의 수업료를 제공하고, 신앙의 멘토가 되었습니다. 두 사람은 친구가 되었습니다. 그 두 사람의 우정은 복음을 입체적으로 생생하게 보여 줍니다. 복음은 출신 배경이나 피부색이나 계급이나 문화 차이에 상관없이 하나님의 자녀들을 하나 되게 하고, 화목하게 하는 십자가의 능력을 보여 줍니다.

바울은 빌레몬에게 보내는 25절의 짧은 편지에서 예수 그리스도 안에서의 하나 됨과 화합에 관해 호소했습니다. 그는 빌레몬과 그에게서 도망친 종 오네시모의 깨어진 관계를 회복시키고자 노력했습니다. 화목과 은혜와 낮아짐의 이야기에 담긴 것은 바로 복음입니다.

▶ 그리스도인의 하나 됨은 서로 똑같은 것이 아니라 마음을 모으는 것입니다. 오늘날 교회가 이것을 기억하는 것이 왜 중요할까요?

심장이 복음에 물들어야 달라져

노예제도 문제는 꺼내기 힘들어도 꼭 다루어야 할 문제입니다. 1세기의 노예제도는 어땠을까요? 우리는 21세기의 관점을 지니고 빌레몬서를 읽기 쉽습니다. '노예제도' 하면 마틴 루터 킹 주니어와 흑인 인권 운동이 보여 준 용감함뿐만 아니라 인종 차별과 식민지화와 미국 남부의 목화 농장으로 상징되는 악을 떠올리게 됩니다. 노예제도를 낳은 인종 차별이 과거에만 있었던 것은 아닙니다. 오늘날에도 생생하게 만연해 있으며 계속되고 있어서 하나님의 마음을 아프게 하는 비극적인 일입니다. 교회도 이 문제를 가슴 아파해야 합니다.

도입 선택

모이는 장소의 벽 양쪽에 포스터를 각각 하나씩 붙여서 학생들이 그 사이를 오갈 수 있게 합니다. 한 포스터에 숫자 1, 다른 포스터에 2를 써놓습니다. 그러고 나서 다음에 예시된 선택 사항을 읽고, 둘 중에 가장 평화롭게 생각되는 쪽에 서게 합니다.

- 1. 해변에 앉아 있기
  2. 산속 오두막에 앉아 있기
- 1. 동네 산책하기
  2. 친구 집까지 자전거 타기
- 1. 친구들과 농구 게임 하기
  2. 모형 만들기 대회에 나가기
- 1. 영화 보며 아이스크림 먹기
  2. 코코아 마시며 책 읽기

평화로운 느낌을 주는 예는 사람마다 다르고, 더 평화롭게 느끼는 상황이 저마다 있습니다. 사람들은 평화를 생각할 때 마음이 느긋해지거나 편안해지는 것을 떠올리는 경향이 있습니다. 하지만 '평화의 중재자'가 되는 것은 그것과는 달리 긴장감이 감도는 일입니다. 교회의 하나 됨과 사랑을 권하는 평화의 중재자가 된다고 해서 동일한 방식으로 보거나 행해야 하는 것은 아닙니다.

그런데 당시 로마 제국의 노예제도는 피부색에 기인한 것이 아니었습니다. '인종 프로파일링'이나 '인종 간 화합'이라는 개념이 바울에게는 생소할 것입니다. 그는 갈라디아 교회에 말했습니다. "너희는 유대인이나 헬라인이나 종이나 자유인이나 남자나 여자나 다 그리스도 예수 안에서 하나이니라"(갈 3:28).

바울이 빌레몬에게 편지를 쓸 당시에는 로마 제국 인구의 3분의 2가 노예였습니다. 많은 사람이 갖가지 이유와 다양한 방법으로 노예가 되었습니다. 파선한 배의 선원이나 사로잡힌 패잔병뿐 아니라, 심지어 전쟁 영웅도 종종 검투사의 경기에 불려 가서 노예가 되었습니다. 그밖에 로마 제국의 누구라도 자발적으로 고용 노예가 될 수 있었습니다. 어떤 사람들은 빚을 갚기 위해서나 돈을 벌기 위해서 노예가 되었는데, 고등교육을 받은 노예들은 흔히 로마인의 가정에서 어린 자녀들을 가르치는 가정교사로 일했습니다.

주인은 대개 노예를 함부로 대했고, 바울은 이 문제를 다뤘습니다(엡 6:9). 노예들은 종종 반항하거나 봉기하거나 도둑질했고, 기회만 되면 탈출했습니다. 바울은 골로새 성도 가운데 종들에게 이렇게 말했습니다. "종들아 모든 일에 육신의 상전들에게 순종하되 사람을 기쁘게 하는 자와 같이 눈가림만 하지 말고 오직 주를 두려워하여 성실한 마음으로 하라"(골 3:22. 참조, 딛 2:9).

그런데 바울은 왜 노예제도를 명쾌하게 비난하지 않았을까요? 이 문제를 다시 다루게 될 테지만, 지금은 로마에서 가택 연금되어 있던 바울에게로 돌아가 봅시다. 그는 골로새 교회에서 온 에바브라를 맞아들였습니다. 다른 누군가도 찾아왔는데, 에바브라와 같은 도시에서 도망친 노예 오네시모였습니다. 바울이 오네시모의 주인 빌레몬에게 호소한 내용을 읽어 봅시다.

[8]이러므로 내가 그리스도 안에서 아주 담대하게 네게 마땅한 일로 명할 수도 있으나 [9]도리어 사랑으로써 간구하노라 나이가 많은 나 바울은 지금 또 예수 그리스도를 위하여 갇힌 자 되어 [10]갇힌 중에서 낳은 아들 오네시모를 위하여 네게 간구하노라 [11]그가 전에는 네게 무익하였으나 이제는 나와 네게 유익하므로 [12]네게 그를 돌려보내노니 그는 내 심복이라 [13]그를 내게 머물러 있게 하여 내 복음을 위하여 갇힌 중에서 네 대신 나를 섬기게 하고자 하나 [14]다만 네 승낙이 없이는 내가 아무것도 하기를 원하지 아니하노니 이는 너의 선한 일이 억지같이 되지 아니하고 자의로 되게 하려 함이라(몬 1:8~14)

바울은 골로새에서 종들의 반란을 준비하려는 것이 아니었습니다. 사실, 로마는 반란을 무력화하는 데 능숙했습니다. 바울은 복음이 심장, 즉 죄의 근원에 도달해야만 혈류를 타고 몸 전체에 퍼질 수 있음을 경험을 통해 알았습니다. 세상의 변화는 바깥에서 안으로 일어나는 것이 아닙니다. 복음은 변화를 안에서 바깥으로 일어나게 합니다. 이러한 '안에서 바깥으로 전략'은 개인, 가족, 교회, 도시, 국가, 문명을 변화시키는 데 훨씬 더 효과적입니다. 바울은 빌레몬이 마음에서부터 오네시모와 화해해야 함을 알았습니다.

세상이나 자신이 변하기를 바라나요? 그 변화를 위해, 바울이 이해한 것처럼 죄의 근원에 복음이 도달하도록 시도했나요?

바울은 1절에서 자신을 "그리스도 예수를 위하여 갇힌 자"라는 종 된 신분으로 밝혔습니다. 그뿐만 아니라 그는 친구 빌레몬에게 순종을 명하는 대신에 사랑에 기초하여 호소했습니다(9절). 물론 명령할 수도 있었지만 말입니다. 빌레몬은 사랑을 나타내려면 "자의로"(14절) 선택해야 했습니다.

노예제도라는 까다로운 주제로 다시 돌아갑시다. 바울은 이 제도를 비난했습니다. 그는 현상이 아닌 근원을 공격함으로써 결정타를 날렸습니다. 그때나 지금이나 노예제도는 복음의 이타적인 사랑과는 양립할 수 없습니다. 복음은 용서받은 대로 용서하고, 사랑받은 대로 사랑하게끔 이끌기 때문입니다.

종이 아니라 형제란 걸 알아줘

사도 바울은 우연을 믿지 않았습니다. 그는 섭리를 믿었습니다. 바울은 빌레몬과 오네시모의 껄끄러운 관계와 같은 어려운 상황에서도 하나님의 역사하시는 섭리의 손길을 알아차렸습니다.

[15]아마 그가 잠시 떠나게 된 것은 너로 하여금 그를 영원히 두게 함이리니 [16]이후로는 종과 같이 대하지 아니하고 종 이상으로 곧 사랑받는 형제로 둘 자라 내게 특별히 그러하거든 하물며 육신과 주 안에서 상관된 네게랴 [17]그러므로 네가 나를 동역자로 알진대 그를 영접하기를 내게 하듯 하고(몬 1:15~17)

바울은 로마의 성도들을 떠올렸습니다. 로마는 바울이 빌레몬에게 편지를 쓸 때 살았던 도시입니다. "우리가 알거니와 하나님을 사랑하는 자 곧 그의 뜻대로 부르심을 입은 자들에게는 모든 것이 합력하여 선을 이루느니라"(롬 8:28). 정말 그럴까요? 모든 것이 합력하여 선을 이룰 수 있을까요? 비극과 혼란, 두통과 마음의 고통, 깨어진 관계, 질병, 고난, 투옥도 합력하여 선을 이룰 수 있을까요? 심지어 도망친 노예에게도 이 말씀이 적용될까요?

'모든'은 사소한 단어입니다. 그러나 두 글자 사이에는 그리스도인이 인류 역사를 통해 직면해 온 온갖 문제의 거대한 우주가 담겨 있습니다. 바울을 봅시다. 그는 매 맞고, 파선당하고, 좌초되고, 수면 부족에 시달리고, 굶주릴 뿐만 아니라 뱀에 물리기까지 했습니다. 그러나 수년간 덫에 걸려 재판받은 뒤 나이가 든 바울은 빌레몬에게 오네시모에 관해 이렇게 진실하게 쓸 수 있었습니다. "아마 그가 잠시 떠나게 된 것은 너로 하여금 그를 영원히 두게 함이리니"(15절).

또한 여기서 반전이 일어납니다. 바울이 처음으로 오네시모를 자신과 동등한 위치에 놓습니다. 그는 오네시모를 "아들"(10절)이라고 부릅니다. 그에게 오네시모는 "내 심복"(12절)이며 "종 이상"(16절)이고, "사랑받는 형제"(16절)입니다. 왜 바울은 오네시모가 그리스도 안에서 얻은 새로운 정체성을 확고히 해 주는 말을 그렇게 구구절절이 썼을까요?

이것이 빌레몬에게는 자존심의 문제이기 때문입니다. 오네시모는 빌레몬보다 못한 존재가 아닙니다. 그는 이제 빌레몬의 종으로 정의되지 않습니다. 그도 빌레몬처럼 하나님의 가족으로서 갖는 양자권과 시민권으로 정의됩니다.

우리 역시 마찬가지입니다. 예수님은 제자들에게 그들을 더 이상 종이라 부르지 않고 친구로 삼겠다고 말씀하셨습니다(요 15:15). 이 말을 들은 제자들은 아마도 너무 놀라서 눈이 휘둥그레지고 입을 다물지 못했을 것입니다. "예수님, 정말로 우리를 친구라 하시겠다고요? 우리는 한낱 동네 어부들이나 탐욕스러운 세금 징수원일 뿐인데요. 우리가 당신의 친구라니요?"

그렇습니다! 더 놀라운 것은 예수님이 그들을 친구에 머물게 하지 않으셨다는 것입니다. 우리는 예수님의 친구가 되었을 뿐만 아니라 하나님의 가족으로 입양되었습니다(참조, 엡 1:5). 우리는 하나님의 자녀이자 그리스도의 형제자매입니다. 우리는 하나님의 자녀로서 그리스도와 함께 상속자가 됩니다(롬 8:17). 다시 말해서, 그리스도께서 가지신 모든 것을 우리도 갖게 될 것입니다. 그리스도의 모든 소유가 곧 우리 소유입니다.

우리는 모두 빚진 사람인데

바울은 빌레몬에게 오네시모가 진 빚을 자신이 대신 갚겠다고 말함으로 써 사심 없는 관대함을 보여 주었습니다.

¹⁸그가 만일 네게 불의를 하였거나 네게 빚진 것이 있으면 그것을 내 앞으로 계산하라 ¹⁹나 바울이 친필로 쓰노니 내가 갚으려니와 네가 이 외에 네 자신이 내게 빚진 것은 내가 말하 지 아니하노라 ²⁰오 형제여 나로 주 안에서 너로 말미암아 기쁨을 얻게 하고 내 마음이 그 리스도 안에서 평안하게 하라 ²¹나는 네가 순종할 것을 확신하므로 네게 썼노니 네가 내가 말한 것보다 더 행할 줄을 아노라 ²²오직 너는 나를 위하여 숙소를 마련하라 너희 기도로 내가 너희에게 나아갈 수 있기를 바라노라(몬 1:18~22)

"그가 만일 네게 불의를 하였거나"(18절)라는 말은 미묘합니다. 우리는 오 네시모가 빌레몬에게 무엇을 잘못했는지 모릅니다. 아마 자취를 감추거나 탈출하면서 누군가를 해쳤거나 여행 경비를 충당하기 위해서 주인의 돈을 훔쳤을지 모릅니다. 우리는 그 죄를 모르지만, 아마도 바울은 알고 있었을 것 입니다. 오네시모는 자기 죄를 분명히 상세하게 자백했을 것입니다. 그러나 그가 무슨 잘못을 저질렀든지 간에 바울은 빌레몬에게 그가 진정으로 잃은 것을 생각하며 이 상황을 받아들여 줄 것을 요청했습니다. 바울이 보여 준 사랑과 은혜를 확장함으로써 그는 무엇을 얻게 될까요? 더 중요하게는 그리 스도께서 보여 주신 사랑과 은혜를 확장함으로써 얻는 것은 무엇일까요?

바울은 자신의 생각을 부드럽게 전하면서도 문제에 깊숙이 파고듭니다. "네 자신이 내게 빚진 것은 내가 말하지 아니하노라"(19절)라며 상기시킨 것입니 다. 그렇게 함으로써 은혜라는 중요한 가치에 기대어 개인적인 호의를 청하고 있습니다. 세상이 지켜보고 있습니다. 빌레몬은 오네시모를 어떻게 받아들일까 요? 그들은 은혜와 용서와 정체성과 사랑에 관해 무엇을 배우게 될까요? 또 오 네시모는 어떻게 할까요?

어려운 상황을 겪으며 그것을 통해 은혜, 용서, 정체성, 사랑에 관해 배운 적이 있나요?

알짬 교리 99

가족 관계

하나님은 가정을 인간 사회의 기본 조직으로 정하셨습니다. 가정은 결혼이나 혈연이나 입양으로 맺어진 사람들로 구성됩니다. 결혼이란 한 남자와 한 여자가 평생 유효한 헌신의 계약으로 연합하는 것으로 하나님의 특별한 선물입니다. 결혼은 성경 기준에 부합하는 성적 표현의 통로요 인류 보존을 위한 생식 수단이 됩니다. 남편이나 아내나 둘 다 하나님의 형상대로 창조되었으므로 하나님 앞에서 동등합니다. 부부 관계는 하나님이 자기 백성과 관계 맺으시는 방식을 따라야 합니다. 남편은 그리스도께서 교회를 사랑하시듯 아내를 사랑해야 합니다. 하나님은 그에게 가족을 부양하고 보호하며 인도해야 할 책임을 주셨습니다. 아내는 교회가 그 머리 되신 그리스도께 기꺼이 순종하듯이 남편이 보여 주는 섬김의 리더십에 기쁜 마음으로 순종해야 합니다. 아내는 남편처럼 하나님의 형상대로 지음받았으므로 남편과 동등합니다. 하나님은 아내에게 남편을 존중하고 가정을 꾸려 나가며, 다음 세대를 양육하는 일에 있어 남편의 돕는 자로 섬겨야 할 책임을 주셨습니다(엡 5:22~33; 벧전 3:1~7). 자녀들은 잉태된 순간부터 주님이 주신 기업이자 복입니다. 부모는 자녀에게 하나님의 뜻 안에서 이루어지는 결혼 생활이 어떤 것인지를 보여 주어야 합니다. 그리고 자녀가 성경 진리에 근거한 선택을 할 수 있도록 일관된 삶의 모범과 사랑의 훈육을 통해 영적이고 도덕적인 가치를 가르쳐야 합니다(신 6:4~9). 자녀는 부모를 공경하고 부모에게 순종해야 합니다(엡 6:1~3).

그리스도와의 연결

바울은 도망쳐 나온 종 오네시모를 대신하여 빌레몬에게 호소하며 그들의 깨어진 관계를 중재하고자 했습니다. 그는 화평을 위해 자진해서 오네시모의 빚을 대신 갚겠다고 했습니다. 바울의 행동은 예수 그리스도의 본을 따른 것이었습니다. 그리스도는 하나님과 죄 된 인간 사이에서 화평하게 하시는 분입니다. 예수님은 우리 죗값을 기꺼이 대신 갚아 주심으로써 우리가 서로에게 그리고 하나님과 화목하게 하셨습니다.

YOUR STORY

하나님이 들려주시는 이야기는 오늘을 사는 나와 늘 연결되어 있습니다. 아래 질문에 답하면서 성경 이야기가 내 이야기와 어떻게 연결되는지 생각해 봅시다.

▶ 창세기 50장 20절에서 요셉이 형제들에게 한 말을 되새겨 보세요. 요셉이 애굽에서 종살이한 것과 오네시모가 로마로 도망친 것 사이에 비슷한 점은 무엇인가요?

오네시모에 대한 이러한 상황들은 우연이나 그냥 일어난 일이 아닙니다. 하나님은 요셉의 삶을 이전부터 계획하셔서 그에게 다가오는 도전들을 더 의미 있는 결말로 이끌어 가셨습니다. 이와 비슷하게, 하나님도 오네시모를 주시하시고, 어려운 상황에서 사도 바울을 만나게 하셨으며 결국 빌레몬과 화해하고 형제애를 나누도록 이끄셨습니다.

▶ 하나님이 고된 경험을 통해 그분의 영광과 여러분의 유익을 위해 일하신 적이 있나요?

이 질문에 관한 답변은 다양할 것입니다.

▶ 하나님의 자녀이자 그리스도의 형제자매라는 정체성을 가진 우리는 어떻게 살아야 할까요?

이 질문에 관한 답변은 다양할 것입니다.

▶ 우리를 자주 곤경에 빠뜨리는 것은 무엇을 말하는가가 아니라 어떻게 말하는가의 문제입니다. 바울은 빌레몬에게 조심스러운 태도로 편지를 썼습니다. 오늘날의 디지털 문화가 신중하게 말하는 것을 어렵게 한다면 그 이유가 무엇일까요?

문자 메시지로는 어조, 빈정거림, 유머까지 알아내기가 쉽지 않습니다. 따라서 우리의 모든 부분에서 예수님을 긍정적으로 나타내기 위한다면 SNS에 글을 올리거나 댓글을 달 때 온건한 비판이나 상대를 배려하는 마음을 가져야 합니다.

하나님의 이야기
하나님이 그분의 아들
예수 그리스도를 통해
우리를 구속해 주신 이야기

우리의 이야기
우리의 이야기가
하나님의 이야기와
만나는 곳

YOUR MISSION

생 각

바울은 빌레몬 집의 손님방을 들여다보지 못했습니다. 그가 여행을 떠나기도 전에 로마 제국이 그를 처형했기 때문입니다. 하지만 예수님이 그를 위해 더 좋은 방을 준비해 두셨습니다. 그것은 손님방이 아니었습니다. 예수님은 "가서 너희를 위하여 거처를 예비"(요 14:3)하리라고 약속하신 바 있습니다. 골로새의 호텔이 조식이 포함된 최고급이라도 예수님이 형제자매들을 위해 하늘나라에서 준비해 두신 집과는 비교할 수 없을 것입니다.

- **고단한 삶의 스트레스가 예수님이 예비하신 거처 덕분에 어떻게 덜해지나요?**
  이 질문에 관한 답변은 다양할 것입니다.

- **예수님의 약속이 기대되나요? 그렇거나 그렇지 않다면, 그 이유는 무엇인가요?**
  이 질문에 관한 답변은 다양할 것입니다.

마 음

바울이 빌레몬에게 말한 것처럼, 사랑은 모든 면에서 하나님께 순종하는 동기가 되어야 합니다. 우리는 의무감으로 하나님께 순종하는 함정에 빠지기 쉽습니다. 마땅히 해야 하기에 순종하는 것입니다. 성경에서 하나님은 제안이 아닌 명령을 내리셨습니다. 순종은 의무감에서 나올 수 없습니다. 사랑으로 해야만 합니다. "너희가 나를 사랑하면 나의 계명을 지키리라"(요 14:15). 사랑이 순종을 불러일으키고, 순종이 사랑을 입증합니다. 사랑할수록 순종의 마음이 더해 가는데, 의무감은 어느 시점에서 그 마음을 고갈시킬 것입니다.

- **의무감으로 하는 순종보다 사랑으로 하는 순종이 더 위대한 이유는 무엇인가요?**
  사랑에서 나온 순종은 그 사람을 진정으로 가치 있게 여기고 존중하고 있다는 것을 보여 줍니다. 순종할 뿐만 아니라 다른 사람 앞에서 그 사람을 중요하게 생각한다는 것입니다. 의무에서 나온 순종은 그렇지 않습니다.

- **하나님께 마음에서 우러나온 사랑과 헌신을 드리는 대신에 의무감으로 복종하고 있음을 깨달으면 어떻게 해야 할까요?**
  먼저 계속 순종해야 합니다. 마음이 사랑으로 채워지지 않았다는 이유로 순종을 멈추지 않도록 합니다. 그리고 기도해야 합니다. 용서와 은혜를 하나님께 구하면서 그분을 따를 때 오는 기쁨을 발견하도록 합니다.

행 동

바울처럼 우리도 서로 죄를 감싸 줄 수 있습니다. 예수 그리스도께서 우리 죗값을 대신 갚아 주셨기 때문입니다. 그리스도께서는 십자가에서 피 흘리심으로써 인류 역사상 가장 큰 거래가 일어날 계산대로 나아가셨고, 죽음으로써 우리 빚을 청산해 주셨습니다. 예수님이 갈보리 언덕에서 우리 죗값이 적힌 계산서를 들어 자유를 사 우리에게 선물로 주신 것입니다. 그러한 은혜를 경험했고, 또 기대하니 다른 이들에게 그 은혜를 값없이 베풀어야 합니다.

> 다음 모임까지
> 골로새서 1~4장;
> 빌레몬서 1장;
> 에베소서 1~4장을
> 읽어 보세요.

- **하나님이 상한 마음을 통해 은혜를 베푸시는 것을 경험한 적이 있나요?**
  이 질문에 관한 답변은 다양할 것입니다.

- **선의로 대하기 어려운 일에는 어떤 것이 있나요? 이럴 때는 어떻게 반응해야 할까요?**
  이 질문에 관한 답변은 다양할 것입니다.

07

설레는 기다림!
예수님이 다시 오실 거야

요약

10과부터 요한계시록을 살펴볼 것입니다. 그런데 그전에 신약의 서신서 몇 권을 검토하면서 미래를 생각하며 오늘을 어떻게 살아야 할 것인지에 대해 배울 것입니다. 7과는 그리스도인으로서 소망 즉 부활, 그리스도의 재림, 최후의 심판을 기대하며 살아가는 것의 중요성을 보여 줍니다. 예수님이 다시 오셔서 자기 백성을 죽은 자 가운데서 다시 살리시고, 믿지 않는 자들을 심판하실 것입니다. 바로 이것이 현재의 고난을 이겨 낼 소망을 주고, 또한 신실하게 살아가도록 서로 격려할 힘을 줍니다.

성경

데살로니가전서 4장 13절~5장 11절

HIS STORY

포 인 트 그리스도인은 예수님의 재림을 고대하며 다른 사람들도 그것을 고대하도록 격려해야 한다.

등 장 인 물 바울(예수님을 핍박하다가 결국 그분을 따르게 되고 이방인의 사도가 됨)

메시지 좌표 데살로니가전서 4장에서 바울은 새로운 주제로 관심을 돌립니다. 그것은 예수님의 재림으로 얻는 위안과 그분을 믿는 사람들에게 일어날 미래의 일이 어떤 의미를 갖는가에 관한 것입니다. 그러면서 바울은 그리스도인의 소망과 장차 이루어질 일들과 매일의 삶에서 재림이 갖는 의미에 관해 설명합니다.

도 입　5~10분

어니스트 섀클턴이 1914년부터 1916년까지 남극 탐험을 하다가 살아 돌아온 이야기에 많은 사람이 매료되었습니다. 1915년 1월, 섀클턴과 대원들을 태운 인듀어런스호는 빙산에 갇혔습니다. 그것을 깨고 앞으로 나아가려 했으나 결국 선체가 부서지며 배가 가라앉기 시작했습니다. 그들은 얼음 덩어리 위에 캠프를 차려야 했고, 1916년 4월에 빙산이 부서지기 시작할 때까지 표류했습니다. 그러다가 섀클턴은 구조 요청을 하러 가기 위해 다섯 명의 대원과 함께 16일간 망망대해를 저어서 1,300km 떨어진 사우스조지아섬의 포경 기지에 도착했습니다. 1916년 8월, 마침내 한 명의 낙오자도 없이 모든 대원이 구조되었습니다.

살아남은 사람들의 이야기를 들으면, 그들의 생존법에 경탄하게 됩니다. 어떻게 힘든 상황을 견딜 수 있었을까요? 이 질문에 대한 답은 아마도 스톡데일 제독이 가장 잘 설명해 줄 수 있을 것입니다. 그는 베트남 포로수용소에서 8년이나 갇혀 지냈지만 살아남았습니다. 그는 비참한 현실에 맞설 재능이 있었고, 살아남을 수 있다는 믿음을 잃지 않았습니다. 소망을 잃지 않는 것이야말로 생존 비결입니다. 극한의 어려움을 겪을지라도, 소망을 가지면 생명을 보존하고 소망을 잃으면 죽음을 맞게 됩니다. 이것이 바로 소망의 힘입니다.

▶　소망은 어떻게 우리가 겪는 어려움을 버틸 수 있도록 힘이 되어 줄까요? 소망이 필요한 상황을 겪은 적이 있나요?

우리는 죽은 자의 부활을 믿어

　　바울은 데살로니가 성도들에게 거룩하고 순결하며, 서로 사랑하고 조용히 자기 일을 하고 자기 손으로 일하기를 힘쓰라고 간절히 권면하며 데살로니가 전서를 시작했습니다. 그는 교회 공동체가 서로 어우러져 살아야 할 필요성을 이해하기를 바랐습니다. 그들이 지쳐 가고 있음을 알았기 때문일 것입니다. 그들은 예수님이 메시아이심을 믿는다는 이유로 대적들에게 박해를 받고 위협적인 상황에 몰렸습니다(살전 1:6). 믿음의 핵심에 관해 그들은 혼란스러웠을 것입니다. '그리스도께서 이미 재림하셨을까?' '주님의 재림을 놓친 것은 아닐까?' '만약에 오시지 않았더라도, 만일 내일 재림하신다면 이미 죽어 버린 사랑하는 사람들은 어떻게 될까? 그들은 소망으로 말미암아 살다가 고난받고 죽었는데,

---

도입 선택

'나중에 커서 어떤 사람이 될래?'라는 질문을 받아 봤을 것입니다. 중학생 때에는 고등학생이 될 준비가 되어 있는지, 고등학생 때에는 진로를 정했는지에 대한 질문을 받습니다. 어느 대학이나 직업을 선택할 것인지, 어디서 살고 싶은지에 대한 질문을 계속해서 받을 것입니다. 사람들은 사는 내내 '그다음'을 알고 싶어 합니다.

- **그다음에 어떻게 될지, 무엇을 해야 할지 궁금했던 적이 있나요? 이야기해 보세요.**

이런 질문을 대부분의 사람이 합니다. 그러나 우리는 하나님처럼 전체 그림을 볼 수 없기에 궁금해하며 꿈을 꿀 뿐입니다. 하나님이 은혜롭게 엿보게 해 주신 것이 있습니다. 예수님이 재림하시면 우리가 기다리는 미래가 어떻게 펼쳐질지에 관한 것입니다. 어려운 많은 질문을 하지만 대답이 요원해 보일 때, 우리는 그리스도와 함께할 미래의 소망을 붙들 수 있습니다.

영광스러운 소망을 놓치지는 않을까?' 목회자로서 바울은 성도를 보살피는 마음으로 그들의 슬픔에 주목했습니다.

[13]형제들아 자는 자들에 관하여는 너희가 알지 못함을 우리가 원하지 아니하노니 이는 소망 없는 다른 이와 같이 슬퍼하지 않게 하려 함이라 [14]우리가 예수께서 죽으셨다가 다시 살아나심을 믿을진대 이와 같이 예수 안에서 자는 자들도 하나님이 그와 함께 데리고 오시리라(살전 4:13~14)

사도 바울은 4장 1~12절의 내용을 데살로니가 교인들이 이미 알고 있다고 두 번이나 말했습니다(살전 4:2, 9). 바울은 그들이 이미 알고 있는 것을 상기시켜 주기 위해 이 편지를 썼습니다. 그런데 13절에서 데살로니가 교회가 몰랐을 법한 주제로 화제를 돌립니다. 바로 그리스도 안에서 죽은 자들이 부활하리라는 소망입니다.

이것은 바울에게 신학적 문제일 뿐 아니라 매우 실제적 문제이기도 했습니다. 이미 죽은 신자들에게 무슨 일이 일어나는가에 관한 데살로니가 교인들의 질문과 염려와 오해는 '어떻게 살아야 하는가'라는 문제에 영향을 미칠 것이기 때문이었습니다. 죽음에 관한 소망이 없다면, 아무리 신자라 해도 오늘을 어떻게 살아야 하는지를 중요하게 여길까요? 눈에 보이지 않는 유익을 바라며 거룩하고 순수하게 살면서 세상의 기쁨을 희생할 수 있을까요?

이러한 질문이 오늘날에도 계속해서 제기됩니다. 문화와 불신자의 번영을 보면, 그리스도를 위해 사는 것이 정말 가치 있는지 의문이 듭니다. 또한 믿음을 버리고 싶지는 않지만, 이렇게까지 극단적으로 살아야 하는지 궁금하기도 합니다.

바울은 이야기의 끝을 살피라고 권면하는데 이는 데살로니가 교회뿐 아니라 우리에게도 하는 말입니다. 그렇습니다. 그리스도를 위해 살려면 그때뿐 아니라 오늘날에도 많은 대가를 치러야만 합니다. 아마도 매우 힘들고 고통스러울 것입니다. 그러나 끝을 본다면, 동기를 발견하게 됩니다. 바로 산 자나 죽은 자나 모든 그리스도인이 부활하리라는 소망 말입니다. 그리스도인의 소망은 신앙을 실천하는 데 필요한 용기를 주고, 버틸 힘을 줍니다.

바울은 죽은 자의 부활에 대해 소망하라고 했는데, 그렇다고 깊은 슬픔이 줄어드는 것은 아니었습니다. 사랑하는, 심지어 그리스도 안에서 사랑한 사람을 잃는 고통은 현실이며 그냥 넘길 수 없는 일입니다. 비록 일시적으로 떠나보내는 것이라 해도 그 슬픔을 느끼며, 더 이상 죽음이 없고 하나님이 그분의 백성들과 재결합하고 화목하게 되는 그날을 갈망하는 것입니다.

그러므로 그리스도인은 슬퍼해야 합니다. 그것은 우리가 마땅히 해야 할 일입니다. 그러나 세상이 슬퍼하는 것처럼 슬퍼하지는 않습니다. 죽음이 끝이 아님을 아는 우리의 애도는 다르기 때문입니다. 부활을 기대하는 소망을 가지고 슬퍼합니다. 이는 암흑 속에서도 갖는 소망입니다. 이것은 말씀에 지식과 신앙의 뿌리를 둔 바울에게도 익숙한 개념입니다. 죽음이라는 어둠이 우리 앞에 있다 해도 우리는 소망을 가져야 합니다. 우리를 위해 모든 일을 이루실 예수 그리스도를 믿는 사람들은 언젠가 주님이 사망을 삼키고 이기실 것을, 사망의 쏘는 것이 사라질 것을 믿습니다(고전 15:54~55). 이 승리를 확신하는 그리스도인은 슬퍼하면서도 동시에 희망찬 기대를 할 수 있습니다.

우리는 예수님의 재림을 기다리고 있어

바울은 데살로니가전서에서 예수님의 재림을 네 번 언급했습니다. 이제 그는 재림에 관해 좀 더 깊이 파고듭니다.

15우리가 주의 말씀으로 너희에게 이것을 말하노니 주께서 강림하실 때까지 우리 살아남아 있는 자도 자는 자보다 결코 앞서지 못하리라 16주께서 호령과 천사장의 소리와 하나님의 나팔 소리로 친히 하늘로부터 강림하시리니 그리스도 안에서 죽은 자들이 먼저 일어나고 17그 후에 우리 살아남은 자들도 그들과 함께 구름 속으로 끌어 올려 공중에서 주를 영접하게 하시리니 그리하여 우리가 항상 주와 함께 있으리라 18그러므로 이러한 말로 서로 위로하라(살전 4:15~18)

바울은 데살로니가 교회가 13~14절을 읽고 이렇게 질문하기를 기대했는지도 모릅니다. "글쎄요, 그리스도 안에서 죽은 사람에게는 좋은 소식이겠지만, 살아 있는 사람은 어떡하죠? 예수님이 다시 오실 때까지 살아 있다면 과연 무슨 일이 일어날까요?" 앞서 바울은 죽은 자들을 위해 예비된 것이 무엇인지를 이해하지 못하는 것을 염려했지만, 이제 살아남은 자들에게 관심을 돌립니다.

바울은 주님이 돌아오실 때 살아 있는 신자들은 죽은 자들과 같은 경험을 하게 될 것이라고 분명히 전했습니다. 그리스도 안에서 죽은 자들은 살아 있는 자들 없이 예수님을 친히 영접하지는 않을 것입니다. 죽은 자들이 먼저 일어나고, 살아 있는 자들은 "그들과 함께 구름 속으로 끌어올려 공중에서 주를 영접하게"(17절) 될 것입니다. 그때에 산 자나 죽은 자나 모든 신자들은 그들이 있어야 할 곳에서 예수님과 함께 있을 것입니다.

주님이 다시 오실 때 그리스도 안에서 죽은 자와 산 자가 주님과 함께 있으리라는 바울의 가르침은 어떤 교훈을 주나요?

그리스도 안에서 죽은 자나 산 자나 모두 그날에 주님과 함께 있으리라는 사실은 우리가 소망을 품을 수 있는 충분한 이유입니다. 그러나 바울은 두 가지 세부 사항을 덧붙입니다. 첫째, 주님의 호령과 천사장의 소리와 하나님의 나팔 소리로 친히 임하실 것입니다. 이것은 요한계시록의 표현과 비슷합니다. 그 관점에서 읽으면, 그날에 어떤 일이 벌어질지 더 잘 이해할 수 있습니다. 언젠가 예수님이 영광 가운데 다시 오셔서 모든 것을 갚아 주시고 대적을 없애실 것입니다. 그날은 위대한 승리의 날이자 축하의 날이 될 것입니다! 죽었든지 살았든지 간에 그날을 고대하면서, 고통과 고난을 견디고 시련을 이겨 내며 배교에 맞서야 합니다. 승리의 왕이신 예수님이 다시 오실 것이기 때문입니다.

둘째, 예수님이 다시 오실 때 우리는 그 순간만이 아니라 영원히 주님과 함께 일어날 것입니다. 그날부터 영원까지 "우리가 항상 주와 함께"(17절) 있을 것입니다. 우리는 하나님의 임하심을 경험하고 있지만, 그날에는 더 충만하고 더 아름다운 방식으로 주님을 경험하게 될 것입니다.

우리가 받는 구원은 단지 죄에 대한 것뿐만 아니라 그리스도와의 관계에 대한 것이기도 합니다. 우리는 단순히 죄와 죽음에 대해 승리할 것이라고 예상하는 정도가 아니라 그리스도의 임하심을 소망합니다. 그분은 우리가 받을 보상입니다. 언젠가 우리는 주님과 함께할 것이며, 주님이 우리에게 "잘하였다 착한 종이여"라고 말씀해 주실 것을 압니다. 따라서 날마다 그리스도를 위해 견디며 신실하게 살아갈 수 있습니다.

최후의 심판? 우리는 두렵지 않아

바울은 얕은 믿음에서 깊은 믿음으로 들어가야 함을 알았습니다. 그리스도 안에서 죽은 사람에게 어떤 일이 일어나는지, 예수님이 다시 오시면 어떤 일이 벌어지는지를 깨닫게 하려고 힘을 썼습니다. 그러나 이제는 그날에 믿지 않는 자에게 무슨 일이 벌어지는지를 다루기 위해 이야기를 전환합니다.

[1]형제들아 때와 시기에 관하여는 너희에게 쓸 것이 없음은 [2]주의 날이 밤에 도둑같이 이를 줄을 너희 자신이 자세히 알기 때문이라 [3]그들이 평안하다, 안전하다 할 그때에 임신한 여자에게 해산의 고통이 이름과 같이 멸망이 갑자기 그들에게 이르리니 결코 피하지 못하리라 [4]형제들아 너희는 어둠에 있지 아니하매 그날이 도둑같이 너희에게 임하지 못하리니 [5]너희는 다 빛의 아들이요 낮의 아들이라 우리가 밤이나 어둠에 속하지 아니하나니 [6]그러므로 우리는 다른 이들과 같이 자지 말고 오직 깨어 정신을 차릴지라 [7]자는 자들은 밤에 자고 취하는 자들은 밤에 취하되 [8]우리는 낮에 속하였으니 정신을 차리고 믿음과 사랑의 호심경을 붙이고 구원의 소망의 투구를 쓰자 [9]하나님이 우리를 세우심은 노하심에 이르게 하심이 아니요 오직 우리 주 예수 그리스도로 말미암아 구원을 받게 하심이라 [10]예수께서 우리를 위하여 죽으사 우리로 하여금 깨어 있든지 자든지 자기와 함께 살게 하려 하셨느니라 [11]그러므로 피차 권면하고 서로 덕을 세우기를 너희가 하는 것같이 하라(살전 5:1~11)

"도둑같이"(2절) 임한다는 것은 도둑이 들듯이 예수님이 예기치 않은 때에 오실 것이라는 의미입니다. 알 수 없는 때에 갑작스럽게 임하실 것입니다. 너무나 갑작스러워서 세상은 멸망이 오기 직전에도 평화와 안전을 선포할 것입니다.

바울은 깨어서 경계하며 정신을 차려야 한다고 전하고 있습니다. 예수님의 재림을 향한 소망이 오늘을 신실하게 살아갈 동기가 됩니다. 예수님은 다시 오셨을 때 우리가 허점을 보이거나 어리석은 모습으로 사는 것을 바라지 않으실 것입니다. 또한 잠에 빠져 있거나 하나님이 주신 사명을 게을리하는 것도 바라지 않으실 것입니다. 그 사명은 믿지 않는 세상이 아직 시간이 있을 때 회개하고 하나님의 은혜와 자비를 경험하도록 그들에게 복음을 나누는 것입니다. 예수님이 언제 재림하실지 모른다고 해서 준비할 수 없는 것은 아닙니다. 그렇기 때문에 오히려 늘 준비되어 있어야 합니다.

　　주님의 날은 하나님의 백성에게는 승리의 날이지만, 하나님을 거부하는 자에게는 냉엄한 심판의 날이 될 것입니다(참조, 사 13:9~11; 슥 1:14~16). 주의 날이 가까이 오지만, 믿지 않는 자들은 여전히 하나님의 말씀에 비추어 영생을 계획하거나 생각하지 않고 스스로 인생을 즐깁니다. 그들은 노아 시대나 바울 시대나 오늘날이나 변함없이 살아갑니다. 그리스도께서 오실 때까지 계속 그렇게 살 것입니다. 그러나 우리는 심판이 다가오고 있음을 알고 있습니다.

　　그리스도와의 관계를 떠나서는 누구도 영원을 즐거이 누릴 수 없습니다. 우리는 사탄과 죄와 죽음에 내려질 마지막 심판을 기대할 수 있고, 고대해야 합니다. 예수님이 재림하시면, 주님을 향한 모든 거역은 막을 내리고 사라질 것입니다. 죄와 죽음이 없어질 것입니다. 그리고 옛 뱀, 곧 사탄은 영원한 불못에 던져질 것입니다. 그날에 만물이 바로 서면, 하나님의 영광이 드러날 것입니다.

알짬 교리 99

천년왕국에 관한 견해들

천년왕국에 대한 성경의 가르침을 이해하는 방법에는 크게 세 가지 견해가 있 습니다. '전천년설'(premillennial view)은 그리스도의 재림 직후에, 즉 문자 그대로 그리스도께서 천 년간 이 땅을 통치하실 것이라는 견해입니다. '후천년설'(postmillennial view)은 교회 시대에 천년왕국이 이루어지고, 그 후에 그리스도의 재림이 있을 것이라는 견해입니다. '무천년설'(amillennial view) 은 그리스도께서 지상에서 천 년간 통치하시는 일이 없다고 보며, 그리스도께서 교회 시대를 살아가는 자기 백성의 심령 가운데 통치하심을 상징적으로 나타내는 견해입니다.

그리스도와의 연결

　　구약의 선지자들은 주의 날을 줄기차게 선포했습니다. 하나님이 세상을 심판하고, 자기 백성을 구하기 위해 다시 오시는 날이 주의 날입니다. 바울은 장차 예수님이 다시 오셔서 죽은 자 가운데서 자기 백성을 일으키시고, 악한 자들을 심판하실 주의 날에 관해 말합니다. 그리스도인은 그리스도의 재림의 관점으로 살아갑니다.

YOUR STORY

하나님이 들려주시는 이야기는 오늘을 사는 나와 늘 연결되어 있습니다. 아래 질문에 답하면서 성경 이야기가 내 이야기와 어떻게 연결되는지 생각해 봅시다.

▶ **어떤 때에 그리스도를 위해 사는 것이 어렵다고 느꼈나요? 그 어려움이 부활의 소망으로 인해 다르게 느껴진 적이 있나요?**
집이나 학교나 운동장 같은 데서 믿음을 실천하며 살아가는 것이 어려울 수 있습니다. 기도하기, 성경 읽기, 봉사하기 등 믿음의 훈련을 받음으로써 부활의 소망을 가질 수 있을 것입니다.

▶ **누군가를 잃은 사람을 위로해 본 적이 있나요? 혹은 위로를 받아 봤나요?**
이 질문에 관한 답변은 다양할 것입니다.

▶ **어떻게 하면 누군가를 잃은 불신자에게 무신경하지 않으면서 거짓 희망을 주지 않고, 그들을 돌볼 수 있을까요?**
그들이 슬픔에 잠겨 있음을 잊지 않고, 그들 곁에 함께 있는 것만으로도 힘을 줄 수 있습니다. 최고의 배려와 돌봄은 상실을 경험한 이들이 몇 달 후에 일상으로 돌아가고자 할 때 다시금 외로움과 슬픔에 빠질 수 있다는 것을 알고, 그들을 계속해서 돌보는 것입니다.

▶ **그리스도의 재림이라는 관점에서, 어떻게 하면 하나님이 우리에게 주신 시간이나 소유와 같은 자원을 더 잘 관리할 수 있을까요?**
이 질문에 관한 답변은 다양할 것입니다.

하나님의 이야기
하나님이 그분의 아들
예수 그리스도를 통해
우리를 구속해 주신 이야기

우리의 이야기
우리의 이야기가
하나님의 이야기와
만나는 곳

YOUR MISSION

생 각

그리스도인은 소망을 통해 세상을 더 잘 보고 이해할 수 있는 신앙의 안목을 갖습니다. 세상은 죄와 타락과 죽음과 고통으로 신음하고 있다는 안목으로, 우리는 경험 그 이상을, 더 나아가 믿지 않는 자들은 볼 수 없는 세상을 고대합니다. 우리가 고대하는 세상은 그리스도의 재림으로 주님이 영광 가운데 다스리시고, 만물이 새롭게 된 세상입니다. 이러한 미래를 바라봄으로써 견실하며 흔들리지 않을 힘을 얻습니다. 그리스도께서 우리를 위해 다시 오실 것입니다. 이것이 바로 삶의 역경을 헤쳐 나갈 때, 우리가 꼭 붙들어야 할 소망입니다.

- 친구들에게 그리스도인의 소망에 어떤 능력이 있는지를 어떻게 설명해 줄 수 있나요?
  이 질문에 관한 답변은 다양할 것입니다.

- 예수님의 재림을 소망하는 것은 상황을 바라보는 방식에 어떤 변화를 줄까요?
  장차 있을 예수님의 재림은 현재 처한 상황을 덜 두려워하며 더 잘 관리하게 만듭니다.

마 음

현재 교회는 바울이 에베소서 5장 27절에서 말했듯이 티나 주름 잡힌 것이나 흠이 있지만, 성화 과정에 있습니다. 그러나 그리스도께서 다시 오시면, 교회는 영화롭게 변화할 것입니다. '아직'은 마침내 '이미'로 바뀔 것입니다. 어린양의 혼인 잔치에서 그리스도의 신부인 교회는 온전함을 나타내는 흰옷을 입을 것입니다.

- 사탄과 죄와 죽음에 닥칠 심판으로 인해 우리는 날마다 그리스도를 위해 신실하게 살아가야 합니다. 어떻게 살아야 할까요?
  이 질문에 관한 답변은 다양할 것입니다.

- 하나님이 당신을 그리스도의 신부로서 정결하게 해 주시는 것을 경험한 적이 있나요?
  이 질문에 관한 답변은 다양할 것입니다.

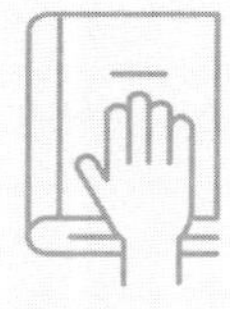

행 동

바울은 주님이 다시 오실 것이니 교회가 소망을 지켜야 하고 굳건히 의롭게 살아야 한다고 권면했습니다. 그러면서 18절에서 한 가지를 덧붙였습니다. 그가 예수님의 재림에 대해 전하며 데살로니가 성도들을 격려해 주었듯이, 그들도 똑같이 서로 격려해야 한다는 것입니다. 바울이 그들에게 품었던 사랑과 관심이 그들 사이에서도 표현되어야 한다는 것입니다. 우리는 그리스도께 사랑받고 있으므로 그분을 사랑하고 서로 사랑해야 합니다. 우리의 소망을 행위로 표현한 것이 바로 사랑입니다.

- 예수님이 다시 오신다는 사실은 예수님과 다른 사람을 더 깊이 사랑하는 데에 어떤 영향을 주나요?
  예수님의 재림이 늦어지는 것은 사람들에게 회개하고 구원받을 기회를 주기 위해서입니다. 그것은 복음의 소망을 갖고 이웃을 사랑하기에 충분한 이유가 됩니다.

- 예수님의 재림 소식은 믿는 자들에게는 좋은 소식이지만, 믿지 않는 자들에게는 두려운 소식일 것입니다. 여러분은 예수님을 믿는 자로서 전도에 관한 이해와 실천에 어떤 영향을 받았나요?
  이 질문에 관한 답변은 다양할 것입니다.

다음 모임까지
에베소서 5~6장;
디도서 1~3장;
디모데전서 1~6장을
읽어 보세요.

08

거짓 가르침?
아웃!

요약

8과에서는 하나님이 그리스도인의 도덕성을 해치는 자들에 맞서 믿음을 지키라고 명하신다는 사실을 배울 수 있습니다. 교리와 실천은 함께 융합된 것인데, 두 가지 모두 교회 안팎의 위협으로부터 보호되어야 합니다. 거짓 교사들이 교회 안에서 분열을 부추기니, 우리는 자기 자신을 믿음 안에서 세워야 하며 또한 다른 사람이 복음 안에서 굳건히 설 수 있도록 격려해야 합니다.

성경

유다서 1장 3~4절; 17~25절

HIS STORY

20~30분

포 인 트	하나님은 거짓 가르침에 맞서 믿음을 지키라고 하신다.
등 장 인 물	유다(예수님의 형제, 유다서의 저자)
메시지 좌표	성도들에게 전해져 온 믿음을 지키는 것은 모든 그리스도인에게 내려진 명령입니다. 모든 세대마다 교회에는 해를 입히려고 외부에서 들어온 회의론자들이나 냉소주의자들이 있어 왔습니다. 그뿐 아니라 교회 내부에도 한때 고백했던 믿음을 버리고 결국 교회에 분열을 일으키고 나가 버리는 이들이 있어 왔습니다. 믿음을 지키는 사명은 새로운 것이 아닙니다. 유다서는 어떻게 하면 이 문제를 잘 다룰 수 있는지 우리에게 통찰력을 줄 것입니다.

도입　⊃　　　　　　　　　　　5~10분

미국 연방 항공국에 따르면, 매일 약 4만3천 대 이상의 항공편들이 250만 명 이상의 탑승객들을 실어 나른다고 합니다. 언제든 5천 대 이상의 비행기가 하늘에 떠 있을 수 있습니다. 비행기의 승객들은 자기가 탈 좌석이 어디인지 또 어떤 간식이 나올지에 관한 정보만 준다면, 어떤 항로로 운항할지 또는 다른 세부적인 정보를 몰라도 자신이 원하는 목적지에 도착할 것을 알기에 탑승합니다.

그런데 비행기가 승객들을 한곳에서 다른 곳으로 이동시키기 위해서는 완벽한 정밀도와 세심한 계획이 필요합니다. 작은 오차에도 엄청난 문제가 발생할 수 있기 때문입니다. 조종사가 항로에서 1도만 벗어나도, 승객들은 햇빛 가득한 마이애미 해변에 도착하는 대신에 대서양 한가운데서 구조를 기다리게 될 수도 있습니다.

▶　비록 작은 것이라도 그것이 우리 삶에 중대한 영향을 미칠 수 있는 결정이나 변화를 경험한 적이 있나요?

유다는 믿음으로 친구들에게 편지를 쓰기 위해 자리에 앉으면서, 그들과 구원에 관한 이야기를 나누려고 했습니다(유 1:3). 그러나 교회에 거짓 교사들이 들어왔다는 사실을 알게 되자 계획을 바꾸었습니다. 유다는 교회 한복판에 양의 탈을 쓴 늑대들이 있다는 것이 얼마나 위험한 일인지 알았습니다. 그들이 믿는 자들을 타락의 길로 이끌 수 있기 때문입니다. 그래서 구원에 관해 쓰는 대신에, 교회가 예수 그리스도의 복음과 믿음을 위해 싸워야 한다고 호소했습니다. 그의 편지는 길지 않았지만, 그 영향력은 매우 강력했습니다. 그는 교회를 향하여 믿음에 관한 근원적 신념을 지키도록 촉구했습니다. 그 신념은 오늘날에도 진정성 있게 울리는 메시지이기에 그것에 귀를 기울여야 합니다.

교회의 믿음은 내가 지킬 거야

유다는 야고보, 요셉, 시몬과 함께 예수님의 형제입니다(마 13:55). 구세주의 형제가 된다는 것이 어떤 것일지 궁금했던 적이 있나요? 형제로 함께 자란 큰형이 많은 사람들을 가르치고 치유하고 기적을 행하는 모습을 보는 다른 형제들의 기분이 어땠을까요? 유다의 심정이 어땠을지 추측할 수는 있지만, 사실 그와 형제들은 지상에서 사역하시는 예수님을 믿지 못했다는 것을 우리는 압니다(요 7:3~5). 성경에는 예수님이 세상 죄를 위해 죽으실 때, 형제들이 어머니 마리아와 함께 십자가 아래 있었다는 기록이 없습니다. 그들은 유대 사회에 물의를 일으켰던 큰형과 거리를 두는 것이 좋겠다고 여겼던 것 같습니다.

그러나 예수님이 부활하시자 모든 것이 달라졌습니다. 누가는 예수님의 형제들이 어머니 마리아와 다른 제자들과 함께 마가 다락방에 있었다고 말합니다(행 1:14). 예수님의 부활과 승천 사이에 어느 때인가 유다는 불신앙으로 예수님을 비웃던 형제에서 예수님께 구원받은 믿음의 형제가 되었습니다(히 2:11).

예수님이 누구이신지에 대해 잘못 아는 것이 얼마나 위험한지를 아는 사람이 있다면, 바로 유다일 것입니다. 그는 믿음이 부족했기에 예수님의 지상 사역을 놓쳤습니다. 그러한 배경이 있었기에 그는 거짓 교사의 유입으로 위험에 처한 친구들을 위해 진심을 담아 짧은 편지를 쓰게 되었습니다.

[3]사랑하는 자들아 우리가 일반으로 받은 구원에 관하여 내가 너희에게 편지하려는 생각이 간절하던 차에 성도에게 단번에 주신 믿음의 도를 위하여 힘써 싸우라는 편지로 너희를 권하여야 할 필요를 느꼈노니 [4]이는 가만히 들어온 사람 몇이 있음이라 그들은 옛적부터 이 판결을 받기로 미리 기록된 자니 경건하지 아니하여 우리 하나님의 은혜를 도리어 방탕한 것으로 바꾸고 홀로 하나이신 주재 곧 우리 주 예수 그리스도를 부인하는 자니라 (유 1:3~4)

원래 유다는 구원에 관해 쓰고자 했습니다. 구원은 예수 그리스도를 믿는 모든 사람이 받는 것입니다. 우리에게는 오직 하나의 복음이 있을 뿐입니다. 예수 그리스도를 통해 하나님이 주신 은혜로 구원받는 유일한 길입니다. 유다는 중요한 문제를 말하기 전에 복음에 대해 간략하게 언급했습니다. 구원을 제대로 이해하는 것은 이후 뒤따르는 문제를 해결하는 데 중요하기 때문입니다. 복음이야말로 교회의 기초이자 모든 믿는 사람을 하나로 연합하는 것입니다. 유대인이나 이방인, 노예나 자유인, 남자나 여자, 부자나 가난한 자, 나아가 미국인, 아프리카인, 유럽인, 이탈리아인, 아시아인 그리고 어떤 인종이나 민족이라도, 복음은 서로 하나 되게 합니다.

이것이 바로 유다의 편지를 받는 사람을 포함하여 모든 성도에게 전해진 복음입니다. 그러나 복음이 거짓 교사들에게 위협받았습니다. 그래서 유다는 복음에 관해 더 많이 쓰는 대신에, 귀중한 보물인 복음이 이미 그들에게 맡겨졌고 그들의 보호가 필요하다는 사실을 상기시켰습니다. 이제 믿음을 위해 싸울 때가 된 것입니다.

“싸우라”(3절)라는 말은 ‘무엇 또는 누군가를 위해 괴롭게 힘써 싸우라’라는 뜻입니다. 유다는 편지를 읽는 성도들에게 복음을 위해 싸우고 수고하라고 호소했습니다. 복음이 위험에 빠졌기 때문입니다. 거짓 교사들을 결코 용납해서는 안 되고, 그들에게 강력하게 대응해야 합니다. 우리는 ‘거짓 교사’라는 말을 들을 때, 복음에 확실히 위배되는 내용을 노골적으로 가르치는 사람을 생각하기가 쉬울 것입니다. 그러나 유다는 당시 거짓 교사들이 ‘가만히’(4절) 교회에 들어왔다고 묘사했습니다. 그들은 교회 밖이 아닌 안에 들어와 있었습니다. 게다가 많은 사람이 그들을 거짓 교사로 여기지도 않았습니다.

거짓 교사들의 가르침과 삶이 교회를 위협했습니다. 유다는 이에 상응하는 응답을 하라고 교회에 요청했습니다. 믿음을 지키기 위해서는, 주재 곧 우리의 주님이신 예수 그리스도를 변호하고 확증해야 합니다. 또한 교회는 자신이 선포한 것뿐 아니라 삶의 방식을 통해 믿음의 도를 변호하고 확증해야 합니다. 거짓 교사의 호색을 비난하는 것은 꼭 필요한 일이긴 하지만 그것만으로는 충분하지 않습니다. 또한 복음의 진리로만 살아야 합니다. 우리가 믿는 것은 우리가 어떻게 살아야 하는지를 알려 줍니다. 만약 우리 삶에서 복음의 아름다움을 드러낼 수 없다면, 세상은 우리가 믿는 복음의 아름다움을 보지 못할 것입니다.

 오늘날 세상에서 가르치는 것 가운데 복음과 분명하게 반대되는 것은 무엇인가요? 어떻게 하면 그것에 대해 진리와 사랑으로 답할 수 있을까요?

교회의 연합은 우리가 지킬 거야

유다는 거짓 교사들을 정죄할 만한 이야기를 구약에서 찾아서 그들의 죄를 더욱 깊이 다룹니다(유 1:5~16). 그러더니 다시 믿는 자들에게로 관심을 돌려서 3절에서 시작한 가르침을 계속 이어 갑니다.

¹⁷사랑하는 자들아 너희는 우리 주 예수 그리스도의 사도들이 미리 한 말을 기억하라 ¹⁸그들이 너희에게 말하기를 마지막 때에 자기의 경건하지 않은 정욕대로 행하며 조롱하는 자들이 있으리라 하였나니 ¹⁹이 사람들은 분열을 일으키는 자며 육에 속한 자며 성령이 없는 자니라(유 1:17~19)

다시 한 번, 유다는 교회가 거짓 교사들이 침투하리라는 것을 이미 알고 있었다는 사실을 상기시킵니다. '사도들이 미리 한 말을 기억하라'라고 청한 것입니다. 정확히 그가 무엇을 염두에 두고 한 말인지는 확신할 수 없지만, 신약에서 거짓 교사들에 대해 경고하는 몇몇 구절을 살펴볼 수 있습니다.

다음 구절들을 참고하여, 거짓 교사들이 어떻게 묘사되었는지에 관해 토론해 보십시오.
- 사도행전 20:28~30
- 디모데전서 4:1~5
- 베드로후서 2:1~3; 3:14~18
- 요한일서 4:1~6

유다 시대의 성도들은 거짓 교사들이 교회에 들어오고 있다는 사실을 잘 알았어야 했습니다. 그들은 거짓 교사들이 믿음의 핵심 교리를 거부할 뿐만 아니라 그리스도인의 삶과 대치되게 살며 다른 사람들에게도 그렇게 살라고 가르칠 때가 오리라는 것을 알았어야 했습니다.

유다는 사람들로 하여금 믿음을 포기하게 만들고, 헛되게 살도록 유도하는 몇몇 사람들과 더불어 거짓 교사들도 교회에 '분열'을 일으킬 것이라고 경고했습니다. 복음이 공격받을 때마다 교회의 연합은 위험에 빠지게 됩니다. 왜곡된 복음은 교회를 분열시키기 때문입니다.

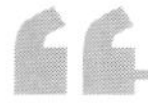

오늘날 교회의 가장 큰 위험은 세상을 뒤엎는 대신에 세상과 같은 편에 서려고 하는 데 있습니다. 우리 주님은 비록 대립과 갈등을 빚을지라도 결단하기를 기대하십니다. 어떤 것이라도 타협이나 무관심이나 마비된 상태보다는 나을 것입니다. 하나님은 복음과 성령의 권능을 우리에게 강하게 요구하십니다.
A. B. 심프슨 A. B. Simpson

나에겐 네가, 너에겐 내가 있잖아! 서로 힘내자

유다가 교회에 준 마지막 가르침은 믿음으로 자신을 세워야 한다는 점에 초점이 맞추어져 있습니다. 다음을 살펴보십시오.

[20]사랑하는 자들아 너희는 너희의 지극히 거룩한 믿음 위에 자신을 세우며 성령으로 기도하며 [21]하나님의 사랑 안에서 자신을 지키며 영생에 이르도록 우리 주 예수 그리스도의 긍휼을 기다리라 [22]어떤 의심하는 자들을 긍휼히 여기라 [23]또 어떤 자를 불에서 끌어내어 구원하라 또 어떤 자를 그 육체로 더럽힌 옷까지도 미워하되 두려움으로 긍휼히 여기라 [24]능히 너희를 보호하사 거침이 없게 하시고 너희로 그 영광 앞에 흠이 없이 기쁨으로 서게 하실 이 [25]곧 우리 구주 홀로 하나이신 하나님께 우리 주 예수 그리스도로 말미암아 영광과 위엄과 권력과 권세가 영원 전부터 이제와 영원토록 있을지어다 아멘(유 1:20~25)

교회가 그들 가운데 있는 거짓 교사를 분별하고, 믿음을 위해 싸우려면, 교회는 믿음에 대하여 바로 알아야 합니다. 우리는 모르는 것을 옹호할 수 없습니다. 그렇다면 교회는 믿음을 지키는 데 머물 것이 아니라 믿음 안에서 성장하며 공격하는 태도를 취해야 합니다.

지극히 거룩한 믿음으로 자신을 세우는 것은 어려운 일 같습니다. 그러나 그 일을 하는 것은 우리가 아니라 우리의 믿음입니다. 삶을 세우는 토대로 믿음을 생각할 수 있습니다. 하나님이 믿음을 키워 주시면, 삶에서 그 성장이 보일 것입니다. 우리는 주님을 더욱 신뢰할 것이고, 더욱 사랑하게 될 것입니다. 나아가 주님을 더욱 섬기게 될 것입니다.

유다는 마지막 가르침을 전하면서, 믿는 자들이 자신을 어떻게 세워야 하느냐는 문제에서 다른 사람을 어떻게 세워 주어야 하느냐는 문제로 관심을 자연스럽게 옮겼습니다. 먼저, 그는 의심하고 흔들리는 자들에게도 긍휼을 베풀어야 한다고 지적했습니다. 그다음에 언급할 내용과 비교해 보면, 여기서 말하는 '의심하는 자들'은 믿는 자들로서, 거짓 교사들이 정말로 다 잘못된 것만을 가르치는지를 묻기 시작한 사람들일 가능성이 큽니다. 바로 교회 내부에서 '천천히 지켜봅시다. 이 교사들이 뭔가 가치 있는 것을 가르쳐 줄지도 모르잖아요'라고 말하는 무리입니다. 유다는 교회가 인내심을 갖고 긍휼을 베풀어 그들의 질문에 친절하게 답해야 한다고 요구했습니다.

그다음으로, 그는 교회가 거짓 교사들에 맞서 싸우는 것이 중요하다는 것을 강조해야 한다고 말했습니다. 사람들의 영혼이 위기에 처했다는 사실만으로도 교회는 믿음을 지키기 위한 싸움을 해야만 합니다. 만일 사람들이 그리스도의 참 복음을 떠나 그리스도가 없는 거짓 가르침으로 돌아선다면, 교회는 믿음을 지키게 함으로써 그들을 다시금 안전하게 되도록 불러와야 합니다.

마지막으로, 교회는 거짓 교사들과 그들의 가르침을 따르느라 복음을 외면한 것으로 보이는 사람들에게도 긍휼을 베풀어야 합니다. 교회는 그들이 저지른 죄의 심각성을 인식하고, 신중하게 그들을 대해야 합니다. 그러면서도 그들을 개인적으로 만나 자비와 사랑을 베풀며 그들이 회개할 수 있도록 기도해야 합니다.

알짬 교리 **99**

하나님께 저항하는 세상

성경에서 '세상'이라는 말이 물리적 행성으로서의 지구나 온 인류 이상의 의미로 쓰일 때가 있습니다. 하지만 대부분의 경우, 이 말은 하나님과 그분의 나라에 정면으로 도전하는 왕성한 악의 영적 세력을 가리킵니다. 악한 세상 권세는 사탄의 지배하에 움직이며(엡 2:2; 요 14:30), 그 성품대로 자기중심성과 기만을 그대로 보여 줍니다. 그리스도인은 하나님의 아들을 믿는 믿음으로 영적으로 악한 세상을 이겨 내도록 부름받았습니다(요일 5:4~5).

그리스도와의 연결

유다는 초대교회 성도들에게 거짓 교리를 가르치고, 나쁜 행위에 물들게 함으로써 분열을 일으키는 사람들에 관해 경고했습니다. 예수님은 우리를 보호하사 거침이 없게 하시고, 우리로 하여금 영광스러운 하나님의 임하심 앞에 흠 없이 기쁨으로 서게 하십니다.

YOUR STORY

하나님이 들려주시는 이야기는 오늘을 사는 나와 늘 연결되어 있습니다. 아래 질문에 답하면서 성경 이야기가 내 이야기와 어떻게 연결되는지 생각해 봅시다.

▶ **오늘날 복음을 위협하는 것에는 어떤 것이 있나요?**
극심한 건강 염려증, 부와 번영에 대한 추구, 소비주의, 개인주의, 민족주의와 같은 세계관을 들 수 있습니다.

▶ **복음을 선포하면서도 그에 따라 살지 않거나 복음에 따라 살면서도 선포하지 않을 때, 어떤 위험이 따를까요?**
복음대로 살지 않으면서도 복음을 선포한다면, 사람들이 그 말을 신뢰하지 못할 것입니다. 또 복음대로 살되 선포하지 않는다면, 어떻게 해야 삶이 변화되는지 아무도 알지 못할 것입니다.

▶ **어떻게 하면 오늘날 그릇된 가르침으로부터 자신을 보호할 수 있을까요?**
성경을 공부하거나 믿을 수 있는 사람이 쓴 책을 읽거나 교회에서 변증론 수업을 받는 등 여러 활동을 통해 자신을 보호할 수 있습니다.

▶ **오늘날 교회는 성도의 잘못된 믿음을 어떤 식으로 다루어야 할까요?**
교회는 잘못된 믿음을 자비와 긍휼로 다루어야 합니다. 그러나 거짓 진리와 타협해서는 안 됩니다.

하나님의 이야기
하나님이 그분의 아들 예수 그리스도를 통해 우리를 구속해 주신 이야기

우리의 이야기
우리의 이야기가 하나님의 이야기와 만나는 곳

YOUR MISSION

생 각

유다는 거짓 교사들이 하나님의 은혜를 성적으로 방탕할 기회로 삼았다고 말합니다(4절). 그들은 의도적으로 부끄러운 방식으로 살고, 하나님의 은혜 아래 있다고 주장하면서 자신들의 행위를 변호했습니다. 하나님의 은혜는 모든 죄를 덮지만, 그렇다고 죄를 지어도 되는 것은 아닙니다(롬 6:15~16). 이것은 심지어 오늘날에도 사람들이 부도덕한 삶을 정당화하기 위해 성경의 가르침을 자신들 마음대로 조작한다는 사실을 보여 줍니다.

- **죄를 짓는 행동과 잘못된 교리 사이에는 어떤 관계가 있을까요? 하나가 다른 하나를 이끌기도 할까요?**

  우리가 어리석은 결정을 하게 만드는 근원적 동력은 죄에 있습니다. 피해야 할 일에 참여하면, 결국 당연하게도 자신이 저지르는 죄를 정당화하려고 성경을 왜곡하게 됩니다.

- **올바른 교리로 잘못된 결정을 내릴 수 있을까요? 왜 올바른 교리만으로는 부족할까요?**

  심지어 마귀들도 예수님이 주님이심을 알듯이 올바른 교리를 알고 있습니다. 그러나 그것만으로는 충분하지 않습니다. 무엇이 옳은가를 안다고 해서 삶의 방식이 바뀌지 않기 때문입니다. 깊은 공감이 없이는 변화를 이룰 수 없습니다. 하나님은 우리에게 지식만 바꿀 것이 아니라 존재 자체를 완전히 변화할 것을 원하십니다.

마 음

이번 과는 특정인에 관해 어떤 생각과 느낌을 가져야 하는지에 관해 도전합니다. 예를 들어, 거짓 가르침으로 교회를 분열시키려는 자, 복음이 아닌 것을 위해 신앙을 버리는 옛 신자를 어떻게 대해야 하는지에 관해서 말입니다. 또한 믿음이 흔들리거나 의심하는 자들에게 자비를 베풀되 어떤 감정을 가져야 하는지에 관해 도전합니다. 이러한 감정이 방어적이냐 수비적이냐 또는 사랑과 긍휼에서 기인했느냐와 상관없이, 복음은 행동 방식뿐 아니라 느끼는 방식에도 영향을 미친다는 사실이 중요합니다.

- **아끼는 사람이 죄에 빠진 것을 본다면, 어떤 느낌이 들까요?**

  이 질문에 관한 답변은 다양할 것입니다.

- **믿음을 옹호하는 일에 열정을 갖는 것이 중요한 이유는 무엇인가요? 만약 믿음에 관해 열정이 없다면 다른 사람과 무엇으로 소통하고 싶나요?**

  이 질문에 관한 답변은 다양할 것입니다.

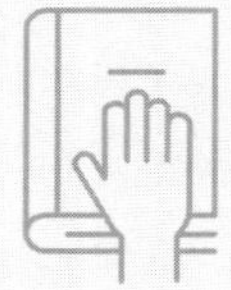

행 동

복음은 여러 면에서 정반대에 있는 사람들로 하여금 한 가족의 구성원으로 합류하게 합니다. 그러나 복음을 없애거나 그 순수성을 더럽히면, 이 연합은 무너집니다. 이렇게 다양한 사람들의 연합은 복음 외에는 다른 어떤 것으로도 지지될 수 없습니다. 교회의 연합이 깨어지면, 세상을 향한 증언도 약화됩니다.

> 다음 모임까지
> 베드로전서 1~5장;
> 히브리서 1~4장을
> 읽어 보세요.

- **우리 교회나 중고등부가 연합하는 것에 대해 외부에서는 어떻게 볼까요?**

  이 질문에 관한 답변은 다양할 것입니다.

- **복음을 중심으로 더 잘 연합하기 위해서 어떤 일들을 할 수 있을까요?**

  이 질문에 관한 답변은 다양할 것입니다.

09

예수님이 왜 늦게 오시는지 알아?

요 약

9과에서, 우리는 거짓 가르침과 싸우는 것은 선지자와 사도의 명령, 즉 진리임이 입증된 하나님의 말씀을 기억하는 것임을 배울 수 있습니다. 하나님은 우리의 시간표가 아닌 그분의 시간표대로 일하시고, 우리에게 더딘 것 같은 그때가 사실 하나님의 완벽한 때입니다. 그러므로 교회는 그리스도의 재림을 고대하면서 언제나 거룩하고 경건해야 하며, 그리스도께서 오늘이든 내일이든 미래의 어느 날이든 적절하지만 갑작스러운 때에 다시 오실 것임을 알아야 합니다.

성 경

베드로후서 3장 1~13절

HIS STORY

포 인 트	하나님은 오래 참으사 아무도 멸망하지 않고 모든 사람이 회개하기를 원하신다.
등 장 인 물	베드로(안드레의 형제, 어부 출신의 사도, 초대교회의 핵심 지도자)
메시지 좌표	베드로후서는 유다서와 마찬가지로 거짓 교사들과 살고 있는 믿는 자들을 격려하는 편지입니다. 거짓 교사들은 성도들이 복음에서 멀어지게 했고 그들을 혼란에 빠뜨렸습니다. 그래서 베드로는 인내하며 신실하게 살아가라고 격려하기 위해 성도들에게 이 편지를 썼습니다.

도 입   5~10분

많은 사람들이 오래 기다리지 못하고 충동적인 것을 볼 수 있습니다. 이러한 조급함은 패스트푸드점에서 잘 나타납니다. 우리는 패스트푸드를 스스럼없이 즐깁니다. 패스트푸드가 건강엔 별로 좋지 않은 걸 알고 있지만, 빠른 식사가 주는 잠깐의 쾌락을 즐기며 애용합니다. 우리가 다이어트와 규칙적인 운동을 하기로 했다면 좋은 생각을 한 것입니다. 다른 사람에게 좋은 모습을 보이고 싶으면서도, 사람들은 참을성이 없어서 다이어트와 운동에 충분한 시간을 갖지 못합니다. 효과가 빨리 나타나지 않기 때문에, 운동하러 가는 대신에 충동적으로 먹고 자고 맙니다.

▶   조바심과 충동 때문에 어려움을 겪게 되는 삶의 영역에는 무엇이 있을까요?

성급함과 충동성은 일상생활뿐 아니라 믿음에도 중대한 영향을 미칠 수 있습니다. 때로 하나님은 너무 더디신 것처럼 보이기도 합니다. 우리가 정말로 원하는 것이 무엇인지 잘 모르시거나 무관심하신 것 같기도 합니다. 이런 이유로 우리는 하나님의 약속에 대한 소망을 잃거나 세상의 유혹과 압박에 굴복하기 쉽습니다. 그러나 이러한 때에 우리는 계속해서 인내하며 다시 오실 그리스도를 향한 소망을 가져야 합니다.

선지자와 사도들의 말을 기억해 봐

베드로후서의 메시지는 베드로전서의 메시지와 매우 흡사합니다. 베드로전서에서 베드로는 박해와 억압으로 고난 중에 있는 교회를 격려하기 위해 그리스도의 재림에 관해 썼습니다(벧전 1:7, 13; 4:13; 5:1). 그는 다시금 예수님의 재림에 대한 확신을 가질 것을 권면하며 이 편지를 씁니다.

[1]사랑하는 자들아 내가 이제 이 둘째 편지를 너희에게 쓰노니 이 두 편지로 너희의 진실한 마음을 일깨워 생각나게 하여 [2]곧 거룩한 선지자들이 예언한 말씀과 주 되신 구주께서 너희의 사도들로 말미암아 명하신 것을 기억하게 하려 하노라 [3]먼저 이것을 알지니 말세에 조롱하는 자들이 와서 자기의 정욕을 따라 행하며 조롱하여 [4]이르되 주께서 강림하신다는 약속이 어디 있느냐 조상들이 잔 후로부터 만물이 처음 창조될 때와 같이 그냥 있다 하

도입 선택

학생들이 기다리기 힘들어 할 일들을 작은 카드 한 장에 하나씩 써 놓습니다. 예를 들면, 이런 것이 있습니다.

예- 최신형 스마트폰 / 졸업 / 운전면허 따기 / 성탄절이나 생일에 받을 선물 / 음식 / 최신 유행 게임이나 영화 / 방학 / 시험 결과 발표 / 새로운 곳 여행

한 사람이 하나씩 받을 수 있게 카드를 미리 넉넉히 만들어 두었다가 나눠 줍니다. 1분 정도 자기 카드를 들여다보면서 기다리기 힘든 이유를 생각하게 하고 나서 다음 질문을 합니다.

· 카드에 적힌 것을 기다려 본 경험이 있나요? 기다릴 만한 가치가 있던가요?

흥행 영화 시리즈의 신작을 기다리거나 방학을 알리는 신호가 울리기를 기다리는 것만큼이나 예수님의 재림을 기다리는 것은 가치 있는 일입니다. 무엇보다 훨씬 더 만족스러운 일은 하나님이 약속하신 것을 받게 되리라는 사실입니다.

니 ⁵이는 하늘이 옛적부터 있는 것과 땅이 물에서 나와 물로 성립된 것도 하나님의 말씀으로 된 것을 그들이 일부러 잊으려 함이로다 ⁶이로 말미암아 그때에 세상은 물이 넘침으로 멸망하였으되 ⁷이제 하늘과 땅은 그 동일한 말씀으로 불사르기 위하여 보호하신 바 되어 경건하지 아니한 사람들의 심판과 멸망의 날까지 보존하여 두신 것이니라 **(벧후 3:1~7)**

베드로는 말세에 조롱하는 자들이 교회에 들어오리라고 했던 것을 상기하며, 그리스도의 말씀과 명령을 기억하는 것이 왜 그렇게 중요한지 들려줍니다. 조롱은 다른 사람들을 하찮게 여기며 하는 행위인데, 여기서는 그리스도의 재림을 기다리는 교회가 조롱당하고 있습니다(3절). 교회가 고난당하는 것은 믿음 때문입니다. 성도들은 집에서 쫓겨나고 재산을 몰수당하기도 합니다. 조롱하는 자들이 피 냄새를 맡은 상어처럼 물속을 휘젓고 다닙니다. "예수가 어디에 있지? 그가 돌아온다고 약속하지 않았던가? 그를 위해 네가 겪고 있는 꼴을 좀 봐! 처음부터 지금까지 달라진 것은 하나도 없어. 예수도 별수 없다니까!"

조롱하는 자들이 대체 무슨 말을 하는 것일까요? 베드로가 4절에서 설명합니다. 그들은 재림이 늦어지는 것을 예수님이 안 오신다는 증거로 삼았습니다. 그들의 논리는 이렇습니다. "우리 조상들이 죽은 이래로 너희 주님이 돌아온다고 계속 약속해 오지 않았던가? 그들에 따르면, 교회는 주님이 곧 오신다고 말해 온 사람들의 긴 줄에 선 또 하나의 목소리에 불과해. 아직도 그런 일은 일어나지 않고 있으니 말이야."

베드로는 분명히 책망했습니다. 하나님은 약속을 지키시는 분이라는 것입니다. 주님은 자기 백성을 지키고 보호하겠다는 약속을 지키실 것입니다. 대적하는 자들을 심판하겠다는 약속 또한 지키실 것입니다. 노아 시대에는 물로 심판하셨으나 언젠가는 불로 심판하실 것입니다. 그것이 오늘이 됐든 내일이 됐든 혹은 먼 미래가 되더라도 말입니다.

믿는 사람들은 주님의 날이 약속대로 임하리라는 것을 확신할 수 있습니다. 그날에 예수님이 친히 오실 것입니다. 그리하여 조롱하는 자나 거짓 교사나 경건하지 않은 자를 모두 심판하실 것입니다. 그리스도의 말씀이 진리이며 그들의 말이 거짓임이 밝혀질 것입니다. 주님의 날이 올 것입니다.

하나님의 때를 기다려야지

베드로는 주님의 날이 실제로 임하리라는 것을 교회에 상기시키고 나서 고난 중에 있는 교회가 던질 법한 질문을 짐작해 보았습니다.

> 8사랑하는 자들아 주께는 하루가 천 년 같고 천 년이 하루 같다는 이 한 가지를 잊지 말라 9주의 약속은 어떤 이들이 더디다고 생각하는 것같이 더딘 것이 아니라 오직 주께서는 너희를 대하여 오래 참으사 아무도 멸망하지 아니하고 다 회개하기에 이르기를 원하시느니라(벧후 3:8~9)

그들의 질문은 이것입니다. "언제 오세요? 왜 이렇게 오래 걸리시는 거죠? 우리는 상처받고 있는데, 하나님은 신경도 안 쓰신단 말인가요?" 이에 베드로는 하나님의 시간표와 우리의 시간표가 본질적으로 다르다고 대답합니다. 하나님은 우리가 원하거나 기대하는 때에 역사하시는 분이 아닙니다. 하나님의 약속은 우리가 좌지우지하며 통제할 수 있는 것이 아니며, 인간의 시간으로 결정할 수 있는 것도 아닙니다. 하나님은 서두르지 않으시며, 언제나 완벽한 때에 역사하십니다.

하나님은 우리에게 "내가 시초부터 종말을 알리며 아직 이루지 아니한 일을 옛적부터 보이고 이르기를 나의 뜻이 설 것이니 내가 나의 모든 기뻐하는 것을 이루리라"(사 46:10)라고 말씀하십니다. 우리 하나님은 시작하기도 전에 끝을 아시는 분입니다. 한 번에 하나씩 이루시는 것이 아니라 각각 그다음이 시작되기도 전에 어떻게 될지를 알고 기다리십니다. 하나님의 이야기는 시간의 변덕에 따라 흐르지 않고, 오히려 시간이 이야기에 따라 흘러갑니다. 하나님은 원하는 때에 원하는 일을 하실 것입니다. 하나님의 때가 늘 제시간입니다. 예수님의 재림도 마찬가지입니다.

이것을 기억하는 것이야말로 베드로가 교회에 바라는 바입니다. 그러니 당황하거나 절망할 이유가 없습니다. 맞습니다. 그들은 고난 중에 있습니다. 맞습니다. 현실적으로 어렵습니다. 그러나 하나님은 주의 날이 임하리라는 약속을 잊거나 어기시는 일이 없습니다. 아직 그때가 안 되었을 뿐입니다.

주님이 재림을 약속하신 지 2천여 년이 지났습니다. 아직 이 땅에 오시지 않았지만, 오실 것입니다. 하나님은 신실하신 분이기 때문입니다. 주님이 약속하신 모든 것은 이루어졌거나 이루어질 것입니다. 바울은 디도서에서 하나님은 거짓이 없으시다고 말했습니다(딛 1:2). 하나님이 행하시는 일을 알지 못하고, 하나님의 때를 알지 못해서 고생스럽더라도 우리는 하나님을 온전히 신뢰할 수 있습니다.

우리는 베드로가 교회에 전한 메시지를 마음에 새겨야 합니다. 또한 하나님의 셈법이 우리 셈법과 다르다는 것을 기억하고, 하나님이 우리에게 주신 자원들로 주님을 신뢰하며, 내 때가 아닌 하나님의 때에 맞춰 인내하며 신실하게 살아가야 합니다.

성경이나 자신의 삶에서 하나님이 예기치 못한 방식으로 또는 완벽한 타이밍에 역사하시는 것을 본 적이 있나요?

베드로는 하나님의 때가 완벽하다는 설명을 8절에서 끝낼 수도 있었습니다. 그러나 주의 날이 더디 오는 이유를 9절에서 계속 설명합니다. 더딘 데는 이유가 있습니다. 베드로는 교회가 그 이유를 알고, 감사하며, 그것 때문에 다른 삶을 살기를 원했습니다. 그는 예수님의 재림이 다른 사람들의 구원을 위해서 지연되고 있다고 설명합니다. 실망이 될 수도 있지만, 하나님은 다른 사람들에게도 구원의 은혜를 베풀고자 재림에 합당한 때를 오래 참고 기다리십니다.

> '주의 날'이 오기를 재촉하는 것(노력을 더해 서두르는 것)은 그리스도인들이 거룩하게 삶으로써 실제적으로 주님이 재림하실 시기에 영향을 미칠 수 있음을 암시합니다. 물론 그렇다고 해서 예수님이 언제 오실지를 하나님이 미리 정하지 않으신다는 뜻은 아닙니다(참조, 마 24:36; 행 17:31). 하나님은 현세대에서 신자들을 구하시고, 그분의 나라를 세우려는 뜻이 모두 성취된 후에야 임하실 것입니다. 그 뜻은 하나님이 자신을 대리하는 사람들을 통해 역사하실 때 이루어질 것입니다. 그러므로 인간적 관점에서 그리스도인들이 다른 사람에게 복음을 전하고 기도할 때(참조, 마 6:10), 그리고 다른 방법으로 하나님 나라를 진전시킬 때, 그들은 그리스도의 재림을 포함하여 하나님의 목적을 서둘러 성취할 수 있게 됩니다.
> 더그 오스 & 토머스 R. 슈라이너 Doug Oss and Thomas R. Schreiner

내일이라도 당장 오실 수 있어

베드로는 장차 있을 예수님의 재림이라는 관점에 비추어 우리가 어떻게 살아야 하는가에 관해 좀 더 논의하기 위해 계속 나아갔습니다. 그가 다음과 같이 말을 이었습니다.

[10]그러나 주의 날이 도둑같이 오리니 그날에는 하늘이 큰 소리로 떠나가고 물질이 뜨거운 불에 풀어지고 땅과 그중에 있는 모든 일이 드러나리로다 [11]이 모든 것이 이렇게 풀어지리니 너희가 어떠한 사람이 되어야 마땅하냐 거룩한 행실과 경건함으로 [12]하나님의 날이 임하기를 바라보고 간절히 사모하라 그날에 하늘이 불에 타서 풀어지고 물질이 뜨거운 불에 녹아지려니와 [13]우리는 그의 약속대로 의가 있는 곳인 새 하늘과 새 땅을 바라보도다 **(벧후 3:10~13)**

베드로는 예수님이 다시 오시면 지금의 하늘과 땅은 사라지게 될 테니 교회는 그에 맞추어 살아야 한다고 경고합니다. 11절에서 그는 지금의 하늘과 땅이 사라지게 되리라는 생각을 기반으로 '그 이후'를 전제하여 이렇게 말합니다. "방금 말한 것이 사실이라면, 당신은 특정한 방식으로 살아야 할 것입니다."

베드로가 전제한 말 혹은 동기("이 모든 것이 이렇게 풀어지리니")는, 예수님이 다시 오시면 세상이라는 죄 많고 불경건한 체제가 심판받으리라는 사실을 뜻하는 말입니다. 타락으로 말미암아 죄와 흠으로 가득한 세상을 다가올 심판이 쓸어버릴 것입니다. 이것을 안다면, 하나님의 백성은 베드로의 말 혹은 동기에 전제되어 있는 '그때'를 거룩하고 경건하게 살아야 합니다. 우리는 세상과 구별된 사람으로서 거룩하게 살아야 합니다. 세상 속에 살지만, 세상에 속하지는 말아야 합니다. 그리고 죄와 죽음의 악취로 가득 찬 세상에서 그리스도의 향기가 되어 경건하게 살아야 합니다. 왜냐하면 우리는 이 세상에 속하지 않았기 때문입니다. 그리스도께서 다시 오셔서 만물이 새롭게 될 때, 새로운 세상이 임할 것입니다. 우리는 그 세상에 속했습니다. 그때가 되면 마침내 본향에 들게 될 것입니다. 그러나 지금은 장차 들어갈 본향의 대사로서 살아야 합니다.

우리는 다르게 살아야 합니다. 그래야 우리가 누구이며 누구에게 속한 존재인지를 진실로 드러낼 수 있기 때문입니다. 또한 하나님은 사람들이 회개해 다가올 심판을 면할 수 있도록 오래 참으십니다(참조, 벧후 3:15).

알짬 교리 **99**

재림

성경은 장차 그리스도께서 육신의 형체로 재림하실 것이라고 분명하게 말합니다(마 24~25장). 모든 그리스도인은 곧 다시 오실 그리스도를 소망합니다. 그리스도께서 다시 오시면, 만물이 새롭게 될 것을 알기 때문입니다. 많은 사람이 그리스도의 재림이 언제 이루어질지 그 시기를 추측해 왔지만, 성경은 그때를 알려 주지 않습니다. 다만 예기치 않은 때에(마 25:8~10) 영광스러운 모습으로(마 24:30) 오실 것이라고 확언할 뿐입니다.

그리스도와의 연결

초대교회 시절에 어떤 이들이 예수님의 재림을 믿는 그리스도인들을 조롱할 때, 사도 베드로는 하나님의 시간표가 인간의 시간표와 다르다고 설명해 주었습니다. 하나님은 오래 참으시어 사람들에게 믿음으로 주님께 돌아올 시간을 주십니다. 그러나 예수님이 다시 오실 것이며 심판날이 임할 것입니다. 하지만 예수님이 다시 오심으로 새 하늘과 새 땅이 이루어질 것입니다.

> 성령님은 임하시는 곳마다 진흙 덩어리 같은 사람을
> 정금 같은 사람으로 만드십니다.
> 요한 크리소스톰 John Chrysostom

YOUR STORY

하나님이 들려주시는 이야기는 오늘을 사는 나와 늘 연결되어 있습니다. 아래 질문에 답하면서 성경 이야기가 내 이야기와 어떻게 연결되는지 생각해 봅시다.

▶ **그리스도의 재림에 대한 생각은 하루하루 살아가는 삶에 대한 우리의 태도에 어떤 변화를 줄까요?**

예수님이 장차 다시 오신다는 사실은 우리가 오늘을 어떻게 살아가야 할지 성찰하게 합니다. 이 모습이 어떠한지에 대해 이런 상상을 할 수 있습니다. 선생님이 언제든 다시 교실로 돌아오실 것을 알고 있기 때문에 자리를 뜨지 않는 모습이기보다는, 부모님이 직장에서 집으로 돌아오시기를 갈망하고 기다리는 모습일 것입니다.

▶ **어떻게 하면 그리스도의 재림을 준비할 수 있고, 하루하루를 주님이 오실 날로 여길 수 있을까요?**

이 질문에 관한 답변은 다양할 것입니다.

▶ **어떻게 하면 다른 사람들에게 이상하게 보이지 않으면서도 매력적으로 세상 문화에 대항하며 살 수 있을까요?**

사람들은 매력적인 것에서 기쁨을 찾기에 우리가 스스로와 주변 사람에게 기쁨을 주며 살아가는 모습에 끌릴 것입니다. 또한 세상 문화를 거스르며 사는 우리가 사회에서 버림받고 소외되고 곤궁한 사람들을 돕는다면, 사람들은 매력을 느낄 것입니다.

▶ **성경에 사용된 '이후', '그때'라는 용어들을 통해, 하나님께 순종하는 이유와 하나님의 바람을 어떻게 이해하게 되었나요?**

예를 들면, 이와 같을 것입니다. 하나님이 죄를 알지 못하는 그분으로 하여금 우리 죄를 대신하게 하신 '그 이후'로, 우리 안에 성령이 거하게 하신 '그 이후'로, 우리에게서 굳은 마음을 제하시고 부드러운 마음을 주신 '그 이후'로, 우리를 너무나 사랑하셔서 자기 아들을 보내사 우리를 대신하여 완전한 삶을 살게 하시고, 대속 제물로서 완전한 죽음을 맞게 하신 '그 이후'로 … 이 모든 일을 하신 '그 이후'로, 우리는 그리스도인으로서 매일 해야 할 일들이 있습니다.

우리의 이야기
우리의 이야기가
하나님의 이야기와
만나는 곳

하나님의 이야기
하나님이 그분의 아들
예수 그리스도를 통해
우리를 구속해 주신 이야기

YOUR MISSION

생 각

베드로는 "생각나게 하여"(3:1)라고 말할 때 그리스어 '아남네시스'를 사용했습니다. 이 단어의 어원은 기억상실, 건망증처럼 기억의 일부 또는 전부를 잊는 것을 말하는 '암네시아'입니다. 즉 베드로는 망각하지 않는 것을 말했습니다. 베드로는 주님이 다른 사람들에게 "내가 너희에게 분부한 모든 것을 가르쳐 지키게 하라"(마 28:20)라고 하신 지상명령에 이와 같은 모습으로 순종했습니다. 이것은 바로 우리가 받은 부르심이기도 합니다.

- 성경의 명령과 약속을 잘 기억하나요? 자꾸 잊게 되는 명령과 약속은 무엇인가요? 그것을 잘 기억하기 위해 어떻게 하고 있나요?
  1년간 매주 한두 구절씩 암송할 수 있도록 계획을 세워 보게 합니다.

- 여러분의 일생 동안 하나님의 사역을 나눌 사람과 함께하는 것이 왜 유익할까요? 그것은 기억하는 행동이 될 수 있을까요?
  하나님이 우리 삶에서 어떻게 역사하시는지 생각하면서 한 주를 보내게 합니다.

마 음

반드시 올 것을 알고 기다린다 해도, 인내하는 일은 정말 어렵습니다. 오늘날처럼 급변하는 사회에서 우리는 저울질하는 것에 익숙합니다. 그러다 보니 기다리는 것이 더욱 어렵습니다. 그러나 이미 살펴봤듯이, 하나님은 인내하며 주님을 기다리라고 하십니다. 하나님의 완벽한 타이밍에 구원의 목적이 있음을 알고 우리에게 주신 약속이 이루어지기를 기다리라는 말씀입니다. 그렇다고 해도, 그저 기다리는 것이 우리의 목표는 아닙니다. 그 대신, 기다리면서 시간을 최대한 활용해야 합니다. 기다리는 동안에 주님의 목적에 따라 하나님의 사역에 동참해야 합니다.

- 만약 이틀 후에 그리스도의 재림이 일어난다면, 남은 시간 동안 주위의 믿지 않는 사람들을 위해 무엇을 하고 싶나요?
  이 질문에 관한 답변은 다양할 것입니다.

- 예수님이 재림하신다는 사실을 알게 되면, 어려운 일에 관한 생각이 어떻게 바뀔까요?
  나쁜 꿈에서 깬 아이가 부모에게서 위로받듯이, 우리 또한 그리스도께서 지금 우리와 함께 계심을 알 뿐만 아니라 언젠가 만물을 바로 세우기 위해 완전히 돌아오실 것을 믿음으로써 위로받습니다.

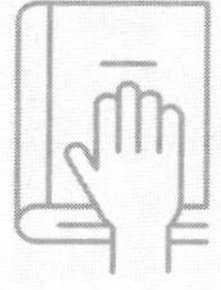

행 동

우리는 하나님의 사랑과 은혜를 받았으니 예수님의 재림 없이 일어나는 매일을 하나님의 실패로 볼 게 아니라 하나님이 주시는 기회로 여겨야 합니다. 그것은 아직 회개할 시간이 있는 사람들에게 서둘러 복음을 전하는 사명을 다하는 기회입니다.

- 구원받거나 제자 되는 과정에서 하나님이 오래 참아 주신 적이 있나요?
  이 질문에 관한 답변은 다양할 것입니다.

- 하나님이 사람들의 회개와 결단을 기다리며 오래 참으시는 것을 깨닫고 있나요? 그로 인해 복음을 다른 사람들에게 적극적으로 전하고 있나요?
  이 질문에 관한 답변은 다양할 것입니다.

다음 모임까지
히브리서 5~13장을
읽어 보세요.

10

요한이 받은 계시를 들려줄게

요약

10과부터는 요한계시록을 공부할 것입니다. 예수님이 환상 가운데 사랑하는 제자 요한에게 자신을 계시하시는 것으로 시작하는 본문을 통해 우리는 예수님이 가장 거룩하신 하나님의 영광 가운데 나타나셔서 자신이 하나님의 아들임을 드러내시고, 요한계시록의 중요 요소인 시간과 죽음과 지옥을 이길 권세를 보여 주시는 모습을 보게 될 것입니다. 마지막으로, 예수님이 교회와 우리에게 주님의 재림을 기다리며 자신에게 주어진 사명을 신실하게 감당할 수 있도록 소망과 확신을 주시는 것을 살펴볼 것입니다.

성경

요한계시록 1장 9~20절

HIS STORY

포 인 트	예수님의 임하심과 능력은 오늘을 사는 그리스도인에게 소망을 준다.
등 장 인 물	요한(야고보의 형제, 예수님의 열두 제자 가운데 한 명, 요한복음과 요한일이삼서와 요한계시록의 저자)
메시지 좌표	성경 이야기를 따라온 우리 여정도 끝이 다가오고 있습니다. 이번 과에서는 성경의 마지막 책인 요한계시록을 살펴볼 것입니다. 사람들은 이 책에 묘사된 미래에 관한 그림과 상징에 매료되어 요한계시록을 좋아합니다. 요한계시록은 전체적으로 대단히 흥미롭지만, 가장 중요한 것은 이 모든 것이 보좌에 앉으신 예수 그리스도 한 분께 집중되어 있다는 사실입니다.

도 입　　　　　　　　　　5~10분

요한계시록에 관한 책이나 주석서는 대개 이렇게 시작됩니다. "요한계시록은 성경에서 가장 이해하기 어려운 책 가운데 하나입니다." 그럴 만도 합니다. 혼란스러운 언어와 이미지로 가득하고, 상징이 끝없이 이어지는 것처럼 보이기 때문입니다. 요한계시록은 이해는커녕 읽기조차 불가사의한 책입니다. 요한계시록을 이해하게 된다면, 그것이 얼마나 무서운 내용인지를 알게 될 것입니다. 쪽마다 이상한 짐승이나 기이한 생명체, 천사와 마귀, 신비에 싸인 인물이나 엄청난 파멸이 가득하기 때문입니다.

▶　요한계시록을 읽고 나서 어떤 생각이 들었나요? 어떤 부분이 어려웠나요?

요한계시록은 혼란스럽고 무서운 책이라는 사실을 부인할 수 없습니다. 심판, 종말이라는 주제를 다루며 전통적으로 생생한 이미지와 이상한 말로 가득한 '묵시록'이라는 장르에 들어맞기 때문입니다. 몇몇 장면은 성경보다는 공포 영화에 더 어울려 보입니다.

그러나 우리는 요한계시록을 읽을 수 있고, 읽어야 하며, 감사해야 합니다. 모두 알다시피, 요한계시록은 두려움에 관한 책이라기보다는 소망에 관한 책이기 때문입니다. 지옥 불이 아닌 영광에 관한 책이며 사탄이 아닌 하나님에 관한 책입니다. 또한 죽음이나 멸망에 관한 책이 아닌 생명과 구원에 관한 책입니다. 요한계시록에 나오는 심판이나 지옥이나 진노를 간과해서는 안 되지만, 무엇보다도 마지막 날에 있을 예수님의 승리를 놓쳐서는 안 됩니다. 예수님이 승리하시니 예수님을 믿는 우리도 승리할 것입니다. 요한계시록이 말하는 승리가 바로 이것입니다. 하나님은 주님의 백성을 향한 하나님의 영광이 가득하여 기쁨이 넘치는 그곳, 영원한 나라로 우리를 데려가실 것입니다. 바로 이것이 세상에 전할 소망입니다.

예수님이 어떤 분인지 알아?

　　새 하늘과 새 땅을 묘사하는 제일 좋은 방법은 하나님의 영광을 묘사하는 것입니다. 우리는 영원토록 하나님의 영광에 잠길 것입니다. 이것이 요한계시록의 중심 주제입니다.

도입 선택

한때 우리 문화는 현대 사회의 부정적인 측면이 극단화한 소위 디스토피아적 영화나 소설에 집착했습니다. 대표적인 예로, <헝거게임>, <매트릭스>, <월-E>, <화씨 451>, <다이버전트>, <제5침공> 등을 들 수 있습니다. 물, 음식, 돈, 도덕성 등의 결핍이 디스토피아 문학과 영화의 전형적인 특징입니다. 줄거리는 대개 어떤 조직이나 정부나 심지어 어떤 생물학적 종이 가진 권력과 엄격한 규율에 대항해 반란을 일으키는 남녀 영웅이 이끌어 갑니다. 대단히 위험하고 우울하며 절망적인 상황에서 살아남는 것이 이야기의 전부입니다.

- *디스토피아적 세계관의 책이나 영화를 본 적이 있나요? 어떤 작품이었나요?*

- *이 가운데 공감을 주거나 놀라움을 준 작품은 무엇인가요?*

이런 영화가 보여 주는 미래 모습 때문에 우리는 미래를 두려움과 불확실성으로 바라보게 될지도 모릅니다. 그러나 좋은 소식은 하나님이 우리로 하여금 믿는 자들의 미래가 어떻게 펼쳐질지를 엿보게 해 주셨다는 사실입니다. 예수님은 우리를 위해 다시 오실 것입니다. 그리고 우리는 그분과 영원히 함께할 것입니다. 그전에 어떤 일이 일어나든, 우리에게는 장차 오실 예수님을 향한 소망이 있습니다.

연 대 표

요한이 계시를 받다
JOHN'S VISION
예수님은 처음과 마지막이시다.

일곱 교회에 주시는 말씀
THE SEVEN CHURCHES
하나님이 그리스도인들에게 칭찬과 책망과 약속을 주시다.

보좌에 앉으신 이와 어린양
THE LAMB ON THE THRONE
존귀와 영광과 찬송을 받기에 합당하시다.

다시 오실 예수님
JESUS RETURNS
예수님이 다시 오시면 만물이 새롭게 될 것이다.

⁹나 요한은 너희 형제요 예수의 환난과 나라와 참음에 동참하는 자라 하나님의 말씀과 예수를 증언하였음으로 말미암아 밧모라 하는 섬에 있었더니 ¹⁰주의 날에 내가 성령에 감동되어 내 뒤에서 나는 나팔 소리 같은 큰 음성을 들으니 ¹¹이르되 네가 보는 것을 두루마리에 써서 에베소, 서머나, 버가모, 두아디라, 사데, 빌라델비아, 라오디게아 등 일곱 교회에 보내라 하시기로 ¹²몸을 돌이켜 나에게 말한 음성을 알아보려고 돌이킬 때에 일곱 금 촛대를 보았는데 ¹³촛대 사이에 인자 같은 이가 발에 끌리는 옷을 입고 가슴에 금띠를 띠고 ¹⁴그의 머리와 털의 희기가 흰 양털 같고 눈 같으며 그의 눈은 불꽃같고 ¹⁵그의 발은 풀무불에 단련한 빛난 주석 같고 그의 음성은 많은 물소리와 같으며 ¹⁶그의 오른손에 일곱 별이 있고 그의 입에서 좌우에 날 선 검이 나오고 그 얼굴은 해가 힘 있게 비치는 것 같더라(계 1:9~16)

본문이 묘사하는 것은 예수님이 요한에게 메시지를 주시는 장면입니다. 요한은 예수님께 받은 이 메시지를 편지로 써서 소아시아, 즉 지금의 터키 지역에 있는 일곱 개의 교회에 보내야 했습니다. 본문에서 중요한 사실은, 예수님은 하나님 아버지의 말씀을 단지 전달만 하는 배달원이기만 하신 것이 아니라는 것입니다. 예수님은 메시지를 전하기만 하신 분이 아니라, 메시지가 되어 주신 분입니다. 하나님의 이름과 연결하여 묘사된 것처럼(1:4), 예수님은 메시아이자 오실 그분입니다(1:7). 이것이 담고 있는 의미는 매우 중요한 것입니다. 예수님은 육신이 되신 하나님이시고, 하나님 아버지처럼 주권자이시며, 영광을 받으실 분입니다.

> 전승에 따르면, 도미티아누스 황제가 AD 95년이나 96년에
> 요한을 에게해의 작은 섬, 밧모로 유배를 보냈습니다(계 1:9).
> 요한은 이제 노인이 되었습니다.
> 밧모에 도착하기 전까지는 아마도 모진 매질과 매임과 굶주림과
> 맨바닥에서 잠자기와 고된 노동을 견뎌야만 했을 것입니다.
> 요한은 돌봐 줄 사람들과 멀리 떨어진 채로 유배 생활을 해야 합니다.
> 그러나 그는 "하나님의 말씀과 예수 그리스도의 증거"(계 1:2)를
> 전해야 하기에 그 모든 것을 감당할 수 있었습니다.
> 에스겔이 바벨론에서 포로로 사는 동안 하나님의 영광에 관한 환상을 받은 것처럼(겔 1:1),
> 주님의 역사는 유배 생활을 한다고 해서 멈추어지지 않습니다.
>
> 라메시 카트리 Ramesh Khatry

요한은 구약에 나타난 하나님의 형상을 그리는 것으로 예수님의 영광을 묘사합니다. 들은 것을 묘사함으로써 이야기를 시작하는데, '나팔 소리' 같은 예수님의 권위 있는 목소리가 들렸다고 말합니다. 이것은 출애굽기에서 하나님의 목소리를 묘사한 표현이기도 합니다(출 19:16). 목소리가 요한에게 그가 본 것을 모두 기록하라고 지시합니다. 이것은 주님이 구약의 선지자들에게 명하신 것을 연상하게 합니다(참조, 렘 30:2; 단 12:4). 요한이 머리를 울리는 소리가 나는 곳을 돌아보니, "인자 같은 이가 발에 끌리는 옷을 입고, 가슴에 금띠를" 띠고 서 있는데, "그의 머리와 털의 희기가 흰 양털 같고, 눈 같으며 그의 눈은 불꽃 같고, 그의 발은 풀무불에 단련한 빛난 주석 같고, 그의 음성은 많은 물소리와" 같았습니다(계 1:13~15). 이러한 묘사는 다니엘 7장에서 비롯되었는데, 그 유사점이 뚜렷합니다. 가장 중요한 것은 예수님이 다니엘서에서처럼 "인자와 같은 이"로 묘사되고, "옛적부터 항상 계신 이"에 관한 묘사로 표현된다는 것입니다. 예수님은 "인자 같은 이"로 불리시는데(계 1:13), "사망과 음부의 열쇠"를 가지셨습니다(계 1:18). 다니엘 7장 13~14절에서 "인자 같은 이"가 통치권을 받으셨듯이 말입니다. 그와 동시에, "털의 희기가 흰 양털" 같은 예수님의 머리는 다니엘 7장 9절의 "옛적부터 항상 계신" 하나님의 "깨끗한 양의 털" 같은 머리와 똑같습니다. 요한은 또한 "해가 힘 있게 비치는 것" 같은 예수님의 얼굴과 불꽃같은 눈을 보고 놀랐습니다. 다니엘 10장 6절에 묘사된 하나님과 비슷한 모습입니다. 예수님은 그저 고귀한 신분의 사람이 아니십니다. 예수님의 정체성은 그리스도의 신성을 확인해 주시는 하나님의 정체성과 밀접하게 연결되어 있습니다.

그러나 더 중요한 세부 사항을 놓쳐서는 안 됩니다. 예수님은 교회를 상징하는 촛대들 가운데 서 계십니다. 그 가운데 서신 예수님을 중심으로 촛대들이 인력에 끌리듯 서 있습니다(계 1:13). 예수님은 영광스러운 자리가 아니라 하나님에게서 떨어져서 우리 곁에 우리와 함께 계십니다. 예수님은 우리를 개인적으로 돌보시고, 지역 교회에 모인 성도로서도 돌봐 주십니다. 예수님은 거룩하시며 능력이 있으시지만, 양 떼를 돌보는 목자이시기도 합니다. 가까이에 있는 양이나 길을 잃고 방황하는 양이나 다 돌보십니다(눅 15:1~7). 이 멋진 목자께서는 세상이라는 광야에 나가 자기 양들에게 그의 초원으로 돌아오라고 큰 소리로 부르고 계십니다. 성경은 창세기부터 요한계시록에 이르기까지 엮이고 엮여 이 진리를 가리키고 있는 한 편의 긴 이야기입니다.

예수님의 능력을 알아?

요한계시록에 흐르는 신학적 주제는 예수님이 하나님이시기에 모든 피조물을 다스리는 탁월한 통치자이시라는 것입니다. 그분은 피조물을 위협하는 모든 것을 다스리십니다.

> [17]내가 볼 때에 그의 발 앞에 엎드러져 죽은 자같이 되매 그가 오른손을 내게 얹고 이르시되 두려워하지 말라 나는 처음이요 마지막이니 [18]곧 살아 있는 자라 내가 전에 죽었었노라 볼지어다 이제 세세토록 살아 있어 사망과 음부의 열쇠를 가졌노니 [19]그러므로 네가 본 것과 지금 있는 일과 장차 될 일을 기록하라 [20]네가 본 것은 내 오른손의 일곱 별의 비밀과 또 일곱 금 촛대라 일곱 별은 일곱 교회의 사자요 일곱 촛대는 일곱 교회니라 (계 1:17~20)

우리는 본문 17~18절을 통해, 요한계시록에 나타난 예수님의 능력에 관하여 세 가지 핵심 사항을 살펴볼 것입니다. 요한은 예수님의 영광을 접하고 그 발아래 엎드러졌습니다. 그는 모세가 시내산에서 하나님을 만났을 때처럼(출 34장), 이사야가 하나님의 보좌 앞에 나아갔을 때처럼(사 6:5), 하나님의 영광 앞에서 죽은 자같이 되었습니다.

예수님은 시간을 다스리는 능력이 있습니다. 예수님은 "나는 처음이요 마지막"(계 1:17)이라고 말씀하심으로써 자신이 시간을 다스리시는 분임을 선언하셨습니다. 22장 13절에서도 예수님은 자신을 "알파와 오메가"라고 밝히시는데, 본질적으로 같은 주장을 하신 것입니다. 알파는 그리스 알파벳의 첫 글자이고, 오메가는 마지막 글자입니다. 예수님은 시간이 시작되기 전부터 영원토록 존재해 오셨기에 '처음'이십니다. 예수님은 시간도 피조물 가운데 하나로 창조하셨습니다(요 1:1~3; 골 1:15~17). 예수님은 종말이 오고 시간이 더 이상 존재하지 않을지라도 항상 존재하실 것이므로 '마지막'이십니다. 시간을 다스리는 능력이 있는 분이시기 때문에, 예수님은 역사에 구속되지 않으시며 오히려 역사를 주관하십니다.

예수님이 시간을 주관하신다는 사실이 오늘날 우리에게 소망과 위로가 되는 이유는 무엇일까요?

예수님은 죽음을 다스리는 능력이 있습니다. 죽음을 피할 수 없습니다. 그러나 우리는 죽기 위해 창조된 것이 아니고, 이 땅에서 하나님의 영광을 나타내는 대리인이자 하나님의 형상을 가진 자로서 영생하도록 창조되었습니다. 아담과 하와가 죄를 지었을 때, 그들은 하나님과 생명나무에서 분리되었고 그 결과로 육신과 영의 죽음을 겪게 되었습니다(창 3:22~24). 그러나 죽음에게는 최종 변론의 기회가 없을 것입니다. 언젠가 죽음은 필연적인 것이 되지 않을 것입니다. 죽음은 완전히 패배할 것입니다. 그리고 그리스도를 통해, 우리는 영원한 생명 과실을 주는 생명나무가 있는 새 하늘과 새 땅에 있을 것입니다(계 19~22장).

예수님은 지옥을 다스리는 능력이 있습니다. 지옥은 사람들이 흔히 묘사하듯이 사탄이 쇠창살을 들고 보좌에 앉아 다스리는 곳이 아닙니다. 마침내 권위에서 벗어나 하고 싶은 대로 무엇이든 하는 파티 같은 곳도 아닙니다. 지옥은 그야말로 고통으로 가득 찬 비참한 곳입니다. 예수님을 믿지 않는 사람들이 부활하여 하나님과 모든 선한 것에서 분리된 채로 고통과 비참함 가운데 영원의 시간을 보내야 할 곳입니다(요 5:28~29). 지옥을 다스리시는 예수님의 능력은 그분을 통해, 우리가 하나님과 화목할 수 있음을 의미하고 따라서 지옥을 피할 수 있음을 의미합니다. 그러나 우리는 단지 지옥을 피하기 위해서 예수님을 믿는 것이 아니라, 예수님 그리고 그분께 속한 모든 것과 연합되기 위해서 예수님을 믿습니다.

어떤 사람은 사는 일이 힘들어질 때 갈등하며 허우적대고 하나님을 의심합니다. 그들이 하나님을 비난하거나 하나님의 존재를 전면 부정하는 것은 자신이 겪는 잔혹과 고통을 하나님의 선하심과 조화시킬 수 없기 때문입니다. 다른 사람을 보면서는, 그들의 일이 형통하게 풀릴 때 가끔씩 의심을 품게 됩니다.

이 사실이 맞는지를 아는 것은 어려운 일이 아닙니다. 인생이 무너져 내릴 때 하나님께 부르짖으며 도움을 청하기는 쉽습니다. 그러나 일이 잘되고 있을 때에는 교만해져서 하나님이 지금은 필요하지 않다고 믿게 됩니다. 고통을 겪으며 또는 번영을 누리며 하나님의 임하심을 간절히 바라든 아니든, 우리는 하나님이 항상 존재하신다는 사실을 기억해야만 합니다. 우리의 느낌이나 상황과 상관없이 말입니다.

예수님은 과거와 현재와 미래를 모두 아실 뿐만 아니라 만물을 주관하고 계시다는 사실이 위안이 됩니다. 주님이 우리와 얼마나 친밀하게 가까우신지 우리를 친히 꼭 붙드시고 어떤 상황에서도 놓지 않으십니다. 심지어 우리가 의심할 때도 마찬가지이십니다. 주님의 임재가 우리를 덮을 정도로 가까이 있음을 늘 믿어도 됩니다. 설사 원할지라도, 우리는 주님에게서 벗어날 수 없습니다. 아무도 주님의 손에서 우리를 빼앗을 수 없습니다(요 10:28).

알짬 교리 **99**

하나님의 영광

'하나님의 영광'이란 하나님이 하신 일이 볼 수 있게 드러나는 것, 다시 말해서 하나님이 자신의 완전한 성품을 자신의 일을 통해 나타내시는 방식입니다. 또한 하나님의 영광은 하나님의 뛰어난 명성을 가리키는 말로, 우리가 하나님의 이름을 찬양해야 하는 이유 중 하나입니다. 또 하나님의 영광은 하나님의 본질적인 아름다움으로, 하나님의 속성들과 성품들에서 드러나는 하나님의 밝음과 아름다움을 말합니다. 성경은 인류가 하나님의 창조 목적인 하나님을 영화롭게 하는 것을 저버렸기 때문에 하나님의 영광에 이르지 못했다고 말합니다(롬 3:23).

그리스도와의 연결

예수님은 요한에게 나타나셔서 자신이 "처음이요 마지막"이자 "살아 있는 자"임을 밝히셨습니다. 또한 이 땅에 계시는 동안에 십자가의 죽음과 부활을 통해 "사망과 음부"를 이기셨다고 말씀하셨습니다. 예수님은 이전에 십자가의 수치를 당하셨으나 지금은 영광 가운데 높임을 받고 계십니다.

YOUR STORY

하나님이 들려주시는 이야기는 오늘을 사는 나와 늘 연결되어 있습니다. 아래 질문에 답하면서 성경 이야기가 내 이야기와 어떻게 연결되는지 생각해 봅시다.

▶ 예수님이 시간과 죽음과 지옥을 다스리신다는 사실이 어떻게 다른 사람들 앞에서 주님을 위해 더욱 신실하게 살아갈 동기가 되고, 격려가 될까요?
이 질문에 관한 답변은 다양할 것입니다.

▶ 하나님으로부터 멀어진 느낌을 받은 적이 있나요? 그 경험을 통해 무엇을 깨닫게 되었나요?
이 질문에 관한 답변은 다양할 것입니다. 다만 교사가 자기 경험을 먼저 들려주는 것이 도움이 될 것입니다.

▶ 왜 사람들은 죽음에 관해 공공연하게 대화하는 것을 불편해 할까요? 예수님의 임하심은 그런 대화를 어떻게 바꾸어 놓을까요?
이 질문에 관한 답변은 다양할 것입니다.

▶ 우리 문화에서 지옥에 관한 이야기는 왜 인기 있는 주제가 아닐까요? 지옥이란 하나님과 그분의 선하심에서 멀어진 상태임을 정확하게 묘사하는 것이 중요한 이유는 무엇일까요?
이 질문에 관한 답변은 다양할 것입니다.

하나님의 이야기
하나님이 그분의 아들
예수 그리스도를 통해
우리를 구속해 주신 이야기

우리의 이야기
우리의 이야기가
하나님의 이야기와
만나는 곳

YOUR MISSION

생 각

우리의 일상에 임하시는 하나님을 쉽게 간과하는 모습을 성경에서 볼 수 있습니다. 출애굽 후에 먹을 것을 두고 불평한 이스라엘 백성이나(출 16:3), 공개적으로 예수님을 부인한 후에 혹여 그분께 버림받을까 걱정했을 베드로를(눅 22:54~62) 예로 들 수 있습니다. 그러나 예수님은 우리가 그분을 떠나지 않도록 육신을 입고 이 땅에 오셨습니다. 더 나아가 그분은 우리가 결코 혼자가 되지 않도록 성령님을 보내셔서 우리 안에 살게 하셨습니다.

- 예수님이 성령 안에 내주하심을 통해 우리와 함께하심을 진정으로 믿는다면, 세상을 보는 방식이 어떻게 바뀔까요?

  모든 상황에 홀로 부딪히지 않고, 날마다 예수님과 함께함으로써 헤쳐 나갈 수 있음을 알게 됩니다.

- 예수님이 어떻게 일하시는지를 알기 위해, 다시 살펴봐야 할 삶의 영역은 어디인가요?

  이 질문에 관한 답변은 다양할 것입니다.

마 음

지옥은 실재하며 영원합니다. 이것에 관해 분명히 할 필요가 있습니다. 그러나 지옥을 예수님을 믿게 하려는 위협적인 전술로 이용해서는 안 됩니다. 우리의 직분은 화목하게 하는 것이지 정죄하는 것이 아닙니다(고후 5:18). 우리는 소망의 복음, 승리의 복음, 생명의 복음을 전합니다. "회개하지 않으면 지옥에 떨어지리라"라고 선포하기보다는 세례 요한의 본보기를 따라 "회개하라 천국이 가까이 왔느니라"(마 3:2)라고 선포해야 합니다.

- 인기 없고 불편한 주제일지라도 지옥에 관해 말하는 것이 왜 중요할까요?

  간단히 말해서, 지옥은 존재하며, 그리스도에게서 멀리 떨어져 있는 사람들을 위해 예비된 곳입니다. 그러므로 누군가를 진정으로 사랑한다면, 지옥에 관해 말하는 것이 불편할지라도 반드시 해야 합니다.

- 다가올 심판이 있다는 사실을 안다면, 지인이나 친구들을 어떻게 대해야 할까요?

  확실히 그리스도를 개인적으로 영접하지 않았다면 그들에 대해 염려할 수밖에 없습니다.

행 동

마태복음 28장에서 예수님은 제자들에게 하늘과 땅의 모든 권세가 주님에게 주어졌다고 말씀하셨습니다. 지금까지 요한계시록 1장을 훑으면서 하나님의 영광과 능력을 살펴봤습니다. 예수님이 육신을 입은 하나님이심을 알게 되고, 주님이 시간과 죽음과 지옥까지도 주관하심을 알게 되었습니다. 이 권세가 우리 사명의 토대입니다. 예수님은 우주의 최고 통치자께서 우리와 함께하시니 두려워 말고 세상에 나아가라고 말씀하십니다.

- 죽음을 이기신 예수님의 능력이 죽음을 바라보는 방식이나 죽음에 관해 다른 사람들과 이야기를 나누는 방식에 어떤 영향을 주나요?

  이 질문에 관한 답변은 다양할 것입니다.

- 예수님이 시간과 죽음과 지옥을 주관하신다는 사실을 알았으니, 앞으로 한 주 동안 어떻게 다르게 살아야 할까요?

  이 질문에 관한 답변은 다양할 것입니다.

> 다음 모임까지
> 디모데후서 1~4장;
> 베드로후서 1~3장;
> 유다서 1장을
> 읽어 보세요.

11

잊지 마! 일곱 교회에 주신 말씀을

요약

11과에서는 예수님이 소아시아의 일곱 교회에 보내신 편지들의 중심 주제를 따라갈 것입니다. 편지는 하나님의 회개 명령으로 시작됩니다. 당시 이런저런 이유로 갈 바를 잃은 교회가 많았습니다. 그들은 그리스도께로 다시 돌아가야 했습니다. 회개란 관심의 초점을 죄에서부터 예수님께로 돌리는 것이며, 어떤 상황에 있든지 오직 그리스도만 바라보는 것입니다. 마침내 하나님은 다른 사람들에게 복음을 계속 전함으로써 화목하게 하시는 하나님의 역사에 다시금 참여하라고 명하십니다.

성경

요한계시록 2장 1~7절; 3장 1~6절

HIS STORY

포 인 트

하나님은 죄를 회개하고, 다시 예수님께 주의를 집중하고, 예수님의 사역에 동참하라고 하신다.

등 장 인 물

요한(야고보의 형제, 예수님의 열두 제자 가운데 한 명, 요한복음과 요한일이삼서와 요한계시록의 저자)

메시지 좌표

예수님은 영광스러운 신적인 존재이시며 만물을 다스리시는 하나님의 아들이십니다. 이러한 관점에서 우리는 계속해서 죄를 회개하고, 예수님을 바라봐야 합니다. 이생에서 우리에게 주어진 사명은 하나님을 영화롭게 하고 만물을 구속하시는 하나님의 사명에 참여하는 것입니다. 설사 대가를 치러야 한다고 해도 말입니다.

도 입 5~10분

현시대는 신앙의 박해를 받는다고 느끼기가 쉽습니다. 때로는 법이 우리가 원하는 대로 문제를 해결해 주지 않고, 우리 믿음은 세상의 가치들과 충돌합니다. 심지어 예수님을 사랑한다는 이유로 더욱 직접적인 핍박을 받기도 합니다. 신체적으로나 감정적으로나 법적으로 박해를 받습니다.

▶ 신앙 때문에 핍박을 받아 본 경험이 있나요? 혹은 다른 이들이 핍박받는 것을 본 적이 있나요?

박해를 피하기 위해 세상 문화에 굴복하거나 휘둘릴 때가 있습니다. 세상에 만연한 죄에 유별나게 맞서기보다는 남들처럼 안주하는 것이 더 쉬울 때가 있습니다. 선생님이나 친구들 앞에서 믿음을 지키기보다는 대화를 피하는 것이 더 쉬울 때가 있습니다. "어차피 우리가 세상을 바꿀 수는 없잖아요. 안 그래요? 예수님 때문에 다르게 산다는 이유로 핍박받는 것이 무슨 의미가 있나요?" 그렇게 뒤로 물러나 침묵합니다. 더 나쁘게는 세상과 타협합니다. 요한계시록의 일곱 교회에 보내는 편지에서 예수님이 소아시아의 성도들에게, 또한 우리에게도 말씀하십니다. 어떤 상황에 있든지 예수님이 보좌에 앉아 계심을 알고, 주님을 위해 버텨야 한다고 말입니다. 그리스도와 교회 사이에는 어떤 것도 있을 수 없습니다. 그들의 순종은 그들에게도, 다른 사람들에게도 모두 중요합니다. 물론 우리에게도 마찬가지입니다.

'처음 사랑'을 잃었으니 회개하라

예수님은 일곱 교회에 편지를 보내셨는데, 그중 서머나 교회(계 2:8~11)와 빌라델비아 교회(계 3:7~13)만 빼고, 다섯 교회에 회개를 명하셨습니다. 예수님은 편지에서 예수님보다 자기 행위를 더 사랑하는 에베소 교회에 회개할 것을 촉구하셨습니다.

¹에베소 교회의 사자에게 편지하라 오른손에 있는 일곱 별을 붙잡고 일곱 금 촛대 사이를 거니시는 이가 이르시되 ²내가 네 행위와 수고와 네 인내를 알고 또 악한 자들을 용납하지 아니한 것과 자칭 사도라 하되 아닌 자들을 시험하여 그의 거짓된 것을 네가 드러낸 것과

---

³또 네가 참고 내 이름을 위하여 견디고 게으르지 아니한 것을 아노라 ⁴그러나 너를 책망
할 것이 있나니 너의 처음 사랑을 버렸느니라 ⁵그러므로 어디서 떨어졌는지를 생각하고
회개하여 처음 행위를 가지라 만일 그리하지 아니하고 회개하지 아니하면 내가 네게 가서
네 촛대를 그 자리에서 옮기리라 ⁶오직 네게 이것이 있으니 네가 니골라 당의 행위를 미워
하는도다 나도 이것을 미워하노라 ⁷귀 있는 자는 성령이 교회들에게 하시는 말씀을 들을
지어다 이기는 그에게는 내가 하나님의 낙원에 있는 생명나무의 열매를 주어 먹게 하리라
(계 2:1~7)

예수님은 에베소 교회에 회개를 명하시기에 앞서 교회가 잘하고 있는 몇
가지 일을 인정해 주십니다. 예수님은 라오디게아에 보내는 편지만 빼고, 다른
모든 편지에서 이처럼 하셨습니다(계 3:14~22). 예수님은 에베소 성도들이 올바
른 신학을 갖고, 믿음을 지키고, 바르게 산 것을 칭찬해 주셨습니다. 교회는 심
각한 죄를 회개해야만 했지만, 우리는 그들이 잘한 일에서 몇 가지 교훈을 배울
수 있습니다.

올바른 신학을 정립해야 합니다. 하나님에 관한 성경적 관점의 올바른 신
학이 기독교를 이슬람교나 불교와 같은 다른 신념 체계와 궁극적으로 구별 짓
게 만듭니다. 또한 몰몬교나 여호와의 증인처럼 이단들과도 구별 짓습니다. 에
베소에서는 올바른 신학이 정통 기독교를 니골라당으로 알려진 거짓 기독교와
구별 지었습니다. 니골라당에 관해서는 초기 기독교 자료들 외에는 알려진 것
이 많지 않습니다. 자료에 의하면, 니골라당은 성적인 죄와 관련 있었으며 우상
에 바쳐진 고기를 먹기도 했다고 합니다. 니골라당은 그리스도를 따른다고 주
장했지만, 실은 하나님의 은혜를 욕보였습니다. 그들의 행위는 믿음이 아닌 죄
를 탐닉하고자 하는 욕망에서 비롯되었기 때문입니다. 예수님은 에베소 성도들
이 거짓 가르침에 맞선 것을 칭찬하셨습니다. 거짓 가르침이 복음을 왜곡하고,
기독교의 복음 메시지를 궁극적으로 바꾸었기 때문입니다.

믿음을 지켜야 합니다. 올바른 신학이 있다면, 교회에 몰래 또는 은근슬
쩍 들어온 거짓 가르침을 바로 알아볼 것입니다. 그리고 믿음을 지키려고 할 것
이며 그러기 위해서 준비할 것입니다. 우리는 복음에 대해 묻는 이들에게 복음
을 전할 준비가 되어 있어야 하며(벧전 3:15) 풍부하면서도 성경적으로 바른 신

학에 기초하여 믿음을 지켜야 합니다. 복음이 공격당할 때, 우리는 침묵할 수 없습니다. 그러나 무지하면 아무 말도 할 수 없을 것입니다.

바르게 살아야 합니다. 좋은 품성을 갖는다는 것은 확실히 가치 있는 일입니다. 성경은 도덕책이 아니지만, 경건과 죄의 차이를 보여 줍니다. 예를 들어, 십계명은 우리의 구원을 위한 것이 아닌 하나님의 성품을 드러내고, 세상이 아닌 하나님을 따라 사는 법을 보여 주기 위해 고안된 도덕규범입니다. 에베소 성도들은 완전히는 아니지만 대체로 부도덕했습니다. 그러나 예수님은 그들이 세상적인 삶의 방식에 빠지지 않고, 경건하게 산 것을 칭찬해 주셨습니다.

에베소 성도들은 올바른 신학으로 복음을 지키며 경건하게 살았습니다. 하지만 죄를 피할 수는 없었습니다. 그들은 회개해야 했습니다. 물론 그들만 그런 것은 아니었고 버가모 교회, 사데 교회, 라오디게아 교회도 그랬습니다. 에베소 교회를 향해 예수님은 그들을 칭찬하신 것만으로는 충분하지 않다고 말씀하셨습니다. 그들이 "처음 사랑"(4절)을 잃었기 때문입니다. 한때는 그들의 뜻과 마음을 환히 비추던 예수님을 향한 열정이 식었습니다(엡 1:15). 그들은 선하게 행동하며 도덕적인 삶을 사는 듯했습니다. 하지만 흉내만 냈을 뿐이고, 예배와는 별개로 살았습니다. 예배가 없는 사역은 기독교가 아니라 세속적인 도덕주의일 뿐입니다. 예수님은 하나님의 사랑과 은혜를 잊은 죄에서 돌이켜 회개하라고 경고하십니다. 그렇지 않으면 스스로 그의 "촛대"로서의 자격이 없음을 나타내는 격이 될 것입니다. 이 촛대는 세상에 대한 빛을 상징하며, 유일하신 참 빛, 곧 부활하신 그리스도를 대변합니다.

예수님을 사랑하는 마음에서가 아닌 단지 의례적으로 예배하는 자신을 발견한 적이 있나요?

진정으로 그리스도인다움과 그리스도와의 진정한 동행은
주님이 그러셨던 것처럼 응답하기 힘든 지점에서 시작됩니다.
달라스 윌라드 Dallas Willard

예수님을 따라 '이기는 자'가 되어라

반복해서 말하지만, 회개란 죄에서 돌이켜 예수님께 다시 초점을 맞추는 것입니다. 우리는 죄와 예수님을 동시에 바라볼 수 없습니다. 예수님은 교회들에 보내는 편지에서 이 점을 분명히 밝히십니다. 죄에서 돌이키는 것이 중요하기는 하지만, 그것만으로는 충분하지 않습니다. 주님을 바라보는 것도 필요하기 때문입니다.

[1]사데 교회의 사자에게 편지하라 하나님의 일곱 영과 일곱 별을 가지신 이가 이르시되 내가 네 행위를 아노니 네가 살았다 하는 이름은 가졌으나 죽은 자로다 [2]너는 일깨어 그 남은 바 죽게 된 것을 굳건하게 하라 내 하나님 앞에 네 행위의 온전한 것을 찾지 못하였노니 [3]그러므로 네가 어떻게 받았으며 어떻게 들었는지 생각하고 지켜 회개하라 만일 일깨지 아니하면 내가 도둑같이 이르리니 어느 때에 네게 이를는지 네가 알지 못하리라 [4]그러나 사데에 그 옷을 더럽히지 아니한 자 몇 명이 네게 있어 흰옷을 입고 나와 함께 다니리니 그들은 합당한 자인 연고라 [5]이기는 자는 이와 같이 흰옷을 입을 것이요 내가 그 이름을 생명책에서 결코 지우지 아니하고 그 이름을 내 아버지 앞과 그의 천사들 앞에서 시인하리라 [6]귀 있는 자는 성령이 교회들에게 하시는 말씀을 들을지어다(계 3:1~6)

예수님은 교회들에게 보내는 편지마다 '이기는 자'를 언급하십니다. 사데 교회에는 그들의 잠든 신앙을 회개하라고 명하시며, 그들이 회개하면 이기는 자가 되어 마침내 흰옷을 입게 되리라고 약속하십니다. 흰옷은 순수함을 의미합니다. 그렇다면 '이긴다'라는 것은 무슨 뜻일까요?

성경에서 예수님이 어떤 것을 명하실 때는 대개 자신이 이미 행하신 것을 기초로 말씀하십니다. 즉 순종하라고 말씀하신 것은 그분이 먼저 온전히 순종하셨기 때문이고, 다른 사람을 미워하지 말라고 말씀하신 것은 그분이 마음속에 한 점의 증오도 없이 온전히 사랑하셨기 때문입니다. 그러니 예수님이 교회들에 "이기는 자"가 되라고 명하신다면, 그것은 주님이 이미 이기셨다는 뜻임을 알아야 합니다. 예수님이 무엇을 이기셨나요? 죄와 죽음을 이기셨다는 것이 답입니다(고전 15:55~57). 그로 말미암아 주님과 연합한 우리도 마찬가지로 죄와 죽음을 이긴 셈입니다. 죄가 우리를 괴롭히고 심지어 해를 끼칠 수도 있지만, 우리를 이길 수는 없습니다. 죽음은 우리 깊은 곳까지 흔들 수 있지만, 우리를 무덤에 가둘 수는 없습니다. 예수님의 부활이 우리가 승리 가운데 부활할 것을 보장하기 때문입니다.

결론적으로, 요한계시록에 등장하는 교회들은 지금의 우리와 다르지 않습니다. 비틀거리고 넘어지고, 죄로 인해 몇 가지 문제를 겪기도 합니다. 그러나 진정으로 그리스도를 사랑하고 신뢰한다면, 회개하고 주님께로 돌아갈 것입니다. 그리고 마지막 날에 이기는 자가 되어 그분과 함께할 것입니다. 만왕의 왕의 자비로운 통치 아래 하나님의 형상을 간직한 자들로서 말입니다.

한눈팔지 말고, 사명으로 돌아와라

예수님께 집중하지 않고는 죄를 회개할 수 없듯이, 사명을 감당하지 않고는 예수님께 집중할 수 없습니다. 앞에서 살펴봤듯이, 사데 교회는 삶의 모양은 보이면서도 깨어서 그리스도를 따르지 못하므로 꾸지람을 받았습니다. 예수님은 사데 교회의 잘못된 평판을 지적하신 후에 이렇게 말씀하십니다.

²너는 일깨어 그 남은 바 죽게 된 것을 굳건하게 하라 내 하나님 앞에 네 행위의 온전한 것을 찾지 못하였노니(계 3:2)

사데 교회는 예수님에게서 한눈을 팔았고, 그 결과 그들은 사명에서 벗어났습니다. 하지만 예수님은 그들과의 관계를 끝내지 않으셨습니다! 그들은 아직도 해야 할 일이 있었습니다. 예수님은 사데 교회가 회개하고 예수님께 다시 집중하기를 바라십니다. 사데 교회가 명성에 기대는 동안에 다른 교회들은 다른 식으로 예수님에게서 한눈을 팔았는데, 하나님이 주신 사명을 완수하지 못한다는 것은 매한가지였습니다. 선행을 하거나 옳은 것을 믿거나 심지어 거짓 교사들을 꾸짖더라도, 이 교회들은 "처음 사랑"(계 2:4)을 잊고, "미지근하여"(계 3:16) 쓸모없게 되었습니다. 그들은 정체성을 잃어버렸습니다. 즉 교회가 그리스도 안에 있다는 사실과 나아가 그리스도를 위해 어떻게 살아야 하는가를 잊은 것입니다.

요한계시록에서 교회들에게 회개하고 돌아오라고 하신 예수님의 말씀은 결국 하나님을 사랑하고 다른 사람을 사랑하라는 요구입니다. 우리는 평생 오직 주님만 섬기며 주님을 사랑해야 합니다. 또한 하나님의 영광과 선하심을 바라봐야 합니다. 예수님이 십자가에서 하신 것처럼, 우리는 자기 자신을 쏟아부으며 다른 사람들을 사랑해야 합니다. 그리고 사람들이 하나님과 화목하기를 바라며 자기 욕망을 희생해야 합니다. 이것이 바로 우리 정체성이며 우리 사명입니다.

알짬 교리 **99**

그리스도의 신부

교회는 그리스도께서 재림하셔서 하늘과 땅이 하나가 되는 그날을 신실하게 기다리는 그리스도의 신부로 묘사됩니다. 모든 방언과 열국의 믿는 사람들로 이루어진 교회는 그리스도께서 구속하신 신부입니다. 신부의 비유는 또한 교회와 그리스도의 관계가 영원함을 말해 줍니다. 하나님이 남자와 여자가 영원한 언약 관계를 맺도록 결혼을 고안하셨기 때문입니다(창 2:24; 마 19:5).

그리스도와의 연결

하나님은 교회의 순결함에 관심이 있으십니다. 교회는 예수님의 신부이고, 예수님은 교회를 위해 죽으셨기 때문입니다. 교회는 예수님이 어떤 분이신지를 기억함으로써, 그리고 예수님이 우리에게 주신 복음 전하는 사명을 계속 수행함으로써 새롭게 되는 경험을 합니다.

YOUR STORY

하나님이 들려주시는 이야기는 오늘을 사는 나와 늘 연결되어 있습니다. 아래 질문에 답하면서 성경 이야기가 내 이야기와 어떻게 연결되는지 생각해 봅시다.

▶ **요한계시록에 나타난 교회들처럼, 때로 우리는 그리스도를 향한 사랑에서 어떻게 멀어지나요?**
학생들이 답을 생각하는 동안에, 그리스도를 향한 사랑에서 멀어지는 일은 갑자기 한 번에 생기는 것이 아니라 점진적으로 일어난다는 사실을 지적해 주십시오.

▶ **회개하기까지 오래 걸리는 이유는 무엇일까요?**
이 질문에 관한 답변은 다양할 것입니다.

▶ **예수님은 누구시며 어떤 일을 행하셨는가에 초점을 맞추면 죄와 싸우는 데 어떻게 도움이 될까요?**
그리스도 안에서 자기 정체성을 안다면, 즉 자신이 하나님의 자녀이며 그리스도와 함께 상속자가 되었다는 사실을 안다면, 마음속에 남아 있는 죄와 싸울 준비를 해야 합니다.

▶ **어떻게 하면 하루 종일 예수님께 집중하며, 죄의 유혹에 넘어가지 않고 주님만 바라볼 수 있을까요?**
이 질문에 관한 답변은 다양할 것입니다.

하나님의 이야기
하나님이 그분의 아들
예수 그리스도를 통해
우리를 구속해 주신 이야기

우리의 이야기
우리의 이야기가
하나님의 이야기와
만나는 곳

YOUR MISSION

생 각

신학에 대해 많은 사람들이 생각하는 것은 그것이 학문적인 것이고 일상과 무관하다는 것입니다. 그러나 신학은 단순하게 말하면 '하나님에 관한 것'을 의미합니다. 즉 우리가 하나님이 어떤 분이신지를 알고, 그에 따라 어떻게 살아야 할지를 아는 것이 신학입니다. 그러므로 하나님을 믿는 우리는 모두 신학자입니다. 그리고 이 믿음에 따라 직접적으로든 간접적으로든 하나님 및 다른 사람과 관계를 맺게 하므로 신학은 실제적입니다.

● **신학은 일상생활에 어떤 영향을 미칠 수 있나요?**
신앙이 인생의 결정에 영향을 미치므로, 성경적이며 올바른 신학이 있으면 매일의 삶에서 더 나은 결정을 할 수 있게 될 것입니다.

● **우리가 무엇을 믿는지(신학)를 알지 못하면, 믿음을 지킬 수 없다는 사실을 어떻게 설명할 수 있을까요?**
이 질문에 관한 답변은 다양할 것입니다.

마 음

예수님은 우리 마음 상태를 중요하게 여기십니다. 사데 교회는 영적인 게으름을 회개해야 했습니다(계 3:1~6). 그들은 "살았다 하는 이름은 가졌으나" 실상은 "죽은 자"들이었습니다. 예수님은 그들의 마음을 아셨습니다. 그들은 믿음을 진지하게 여기지 않았습니다. 라오디게아 교회는 미지근한 믿음으로 유명합니다(계 3:14~22). 그들은 차갑지도 않고 뜨겁지도 않고 딱 그 중간이었습니다. 그래서 예수님은 그들에게 미지근하지 말고, 차든지 뜨겁든지 하라고 말씀하셨습니다. 그리스도를 향한 그들의 열정이 무뎌졌으니 말입니다.

● **자신의 믿음이 죽은 것을 느껴 본 적이 있나요? 그럴 때는 어떻게 해야 할까요?**
말씀을 읽고, 말씀으로 기도하고, 말씀에서 영혼의 양식을 얻고, 말씀을 믿어야 합니다.

● **자기 믿음이 미지근하게 느껴진 적이 있나요? 그럴 때는 어떻게 해야 할까요?**
가장 좋은 출발점은 기도입니다. 예수님을 향한 사랑과 관심을 회복할 수 있도록 하나님께 간구하고, 우리 눈을 열어 주님의 영광을 바라볼 수 있도록 기도해야 합니다.

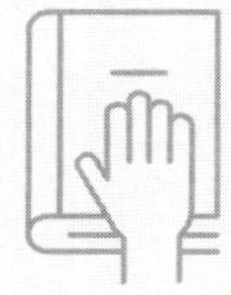

행 동

우리는 이 땅에 하나님 나라의 복음을 전함으로써 세상 사람들과 관계를 맺고, 화목하게 하는 사역요 하나님의 대사입니다. 언젠가 하나님이 이 세상을 구원하시고, 새 하늘과 새 땅이 우리의 영원한 집이 될 것입니다(계 21~22장). 우리는 예수님께로 돌이킨 사람들로 가득 찬 세상에서 살게 될 것입니다. 우리는 하나님 나라의 대사입니다. 즉 만물이 새롭게 되어, 새로운 피조물로서 영생을 누리기 원하시는 하나님을 세상에 전해야 합니다.

● **그리스도 안에 있는 정체성은 어떻게 우리에게 세상 문화와 거리를 두게 하고, 주변 사람들과 다르게 살게 할까요?**
이 질문에 관한 답변은 다양할 것입니다.

● **영원한 본향에 관한 생각은 그리스도를 전하는 데에 어떤 동기를 부여해 주나요?**
이 질문에 관한 답변은 다양할 것입니다.

다음 모임까지
요한일서 1~5장;
요한이서 1장;
요한삼서 1장;
요한계시록 1~5장을
읽어 보세요.

12

찬송과 존귀와 영광! 아멘!

요약

12과에서는 찬양의 목적뿐 아니라 찬양의 내용도 중요하다는 사실을 배울 것입니다. 그냥 하나님을 찬양하는 것으로는 충분하지 않습니다. 누구를 찬양하는지에 대해 알 뿐 아니라, 왜 그분께 찬양해야 하는지도 알아야 합니다. 요한계시록 4~5장에는 두 개의 찬양이 나옵니다. 우리는 만물을 지으신 창조주요 거룩하고 전능하며 영원하신 하나님을 찬양합니다. 또한 자기 피로 사람들을 구원하고 영원히 다스리시는 어린양을 찬양합니다.

성경

요한계시록 4장 2절~5장 14절

HIS STORY

| 포 인 트 | 하나님은 하늘에서 어린양을 경배할 날을 고대하는 마음으로 이 땅에서 그를 경배하라고 하신다. |

포 인 트

하나님은 하늘에서 어린양을 경배할 날을 고대하는 마음으로 이 땅에서 그를 경배하라고 하신다.

등 장 인 물

요한(야고보의 형제, 예수님의 열두 제자 가운데 한 명, 요한복음과 요한일이삼서와 요한계시록의 저자)

메시지 좌표

노래 부르기는 사람됨의 핵심 요소입니다. 노래마다 가락으로든 가사로든 자신을 표현하는 독창적인 방식이 있어서, 사람들은 수 세기에 걸쳐 다른 방식으로 다양한 형태의 노래를 불러 왔습니다. 성경 역시 노래에 많은 의미와 목적을 둡니다. 찬양은 하나님을 예배하는 데 핵심이자(골 3:16) 죄와 싸울 수 있는 방법이며(엡 5:18~19) 믿음 안에서 다른 사람들을 세우는 방식이기도 합니다(히 2:12). 찬양은 특히 영원에 비추어 하나님의 백성들에게 중요한 의미가 있습니다.

도 입 5~10분

사람들은 '영원'이라고 하면 수십억 년을 상상하는데, 그렇다면 솔직히 지루하게 느껴지는 시간입니다. 그런데 영원한 세상에서 우리는 찬양 말고도 할 일이 많습니다. 그러니 그때는 찬양하는 것이 절대로 지루한 일이 아닙니다. 우리는 죄에서 해방되어 구속된 마음, 생각, 말로 찬양할 것입니다. 영원한 세상에서 우리는 이 땅에서의 경험 대신 우리가 받은 구원에 관한 더 깊고, 더 순수하고, 더 넓은 이해에 근거하여 하나님을 찬양할 것입니다. 또한 하나님의 임하심 가운데 영원히 찬양할 것입니다. 그러니 지루할 리가 없습니다!

영원한 나라에서 찬양하는 것이 더 좋겠지만, 오늘날 우리의 찬양도 의미 있고 중요하며 변화를 불러옵니다. 우리는 찬양하는 것을 통해 영원한 세계를 미리 맛봅니다. 우리는 주님을 영원히 찬양할 것입니다. 다시 말하지만, 언젠가 찬양이 우리가 할 일의 전부는 아니어도 핵심이 될 것입니다. 그러므로 그리스도의 새로운 피조물인 우리는 하나님과 함께하는 완벽한 영원이 무엇인지를 서로에게 그리고 세상에 선포해야 합니다.

▶ 성도가 함께 찬양함으로써 하나님과 연결된 느낌을 받을 수 있는 이유는 무엇일까요?

하나님은 거룩하고 전능하며 영원하셔

students

앞의 두 과에서 거룩하고 완전하며 공의롭고 자애로우신 하나님의 모습을 살펴봤습니다. 이러한 모습이 바로 우리가 그분을 찬양하는 이유입니다. 우리는 하나님의 성품과 행하신 일로 말미암아 경배합니다. 요한계시록 4장 2~8절에서 묘사한 예배가 바로 이것입니다.

students

²내가 곧 성령에 감동되었더니 보라 하늘에 보좌를 베풀었고 그 보좌 위에 앉으신 이가 있는데 ³앉으신 이의 모양이 벽옥과 홍보석 같고 또 무지개가 있어 보좌에 둘렸는데 그 모양이 녹보석 같더라 ⁴또 보좌에 둘려 이십사 보좌들이 있고 그 보좌들 위에 이십사 장로들이 흰옷을 입고 머리에 금관을 쓰고 앉았더라 ⁵보좌로부터 번개와 음성과 우렛소리가 나고 보좌 앞에 켠 등불 일곱이 있으니 이는 하나님의 일곱 영이라 ⁶보좌 앞에 수정과 같은 유리 바다가 있고 보좌 가운데와 보좌 주위에 네 생물이 있는데 앞뒤에 눈들이 가득하더라 ⁷그 첫째 생물은 사자 같고 그 둘째 생물은 송아지 같고 그 셋째 생물은 얼굴이 사람

도입 선택

서너 명씩 짝지어 조를 짜고, 조마다 찬양 밴드의 이름을 정하게 합니다. 찬양곡을 만들되 먼저 가사를 쓰게끔 하세요. 전체 모임에서 노래하지 않아도 되지만, 각 조가 만든 찬양곡의 가사를 큰 소리로 발표하게 합니다.
다음 내용을 참고하여 가사를 쓸 수 있습니다.

- 하나님의 영광
- 예수님의 연민과 그와 관련한 이야기
- 예수님의 희생
- 기도
- 하나님의 성품
- 하나님이 행하신 일에 감사함

· **발표한 내용 가운데 위 목록에 포함되지 않은 것이 있다면 무엇인가요?**

하나님은 말할 수 없을 정도로 위대하신 분이기에 찬양으로 주님을 정확히 묘사할 수 없고, 감사거리와 찬양거리가 끝도 없이 이어집니다. 우리는 주님을 영원히 찬양할 것입니다.

· **오늘 내 가슴을 뛰게 한 활동이 있다면 무엇인가요 아직도 궁금한 게 있나요?**

같고 그 넷째 생물은 날아가는 독수리 같은데 [8]네 생물은 각각 여섯 날개를 가졌고 그 안과 주위에는 눈들이 가득하더라 그들이 밤낮 쉬지 않고 이르기를 거룩하다 거룩하다 거룩하다 주 하나님 곧 전능하신 이여 전에도 계셨고 이제도 계시고 장차 오실 이시라 하고 (계 4:2~8).

이 천상의 풍경은 매혹적인 세부 묘사들로 가득한데, 백성들이 하나님의 거룩하심과 전능하심과 영원하심으로 인해 경배하게 됨을 보여 줍니다.

하나님은 거룩하십니다. 이 말은 하나님이 우리와 완전히 구별되시거나 유일무이하시다는 뜻입니다. 하나님과 같으신 분이 없습니다. 그래서 보좌를 둘러싼 이들이 그냥 거룩하시다는 선포로 끝내지 않았습니다. 그들은 그 이상으로, 세 번 연달아 선포했습니다. "거룩하다. 거룩하다. 거룩하다." 다시 말해, 삼중으로 거룩하시다는 뜻입니다.

이렇게 연이은 선포를 들은 당시 유대인들은 이사야가 환상 가운데 주님의 보좌를 보고 들은 삼중 선포를 떠올렸을 것입니다(사 6:3). 그리고 하나님의 거룩하심이 인간의 이해를 넘어서는 것임을 알았습니다. 네 생물은 세 번 연달아 선포함으로써 하나님이 얼마나 신성하신 분인지를 드러냈습니다. 하나님은 그냥 거룩하신 분이 아니라 정말로 거룩하신 분입니다.

하나님은 전능하십니다. 하나님의 무한한 능력은 그분이 피조물과 구별되는 이유 가운데 하나입니다. 자연이나 실험실이나 발전기에서 나오는 능력은 약하고 하찮습니다. 심지어 하나님의 무한한 능력과 같은 척도로 측정하기에는 한계가 있는 능력입니다. 요한이 보좌를 둘러싼 "빛, 천둥, 횃불"로 묘사한 광경은 바로 하나님의 전지전능함입니다.

하나님의 보좌로부터 문자 그대로 번개와 우렛소리가 났는지, 네 생물이 무엇이고 어떤 것을 상징하는지 우리가 알 수 없습니다. 다만 요한은 하나님의 절대적이고 막강한 능력을 생생하게 묘사하고 있습니다.

성경에서 이런 표현이나 묘사를 보면, 요한 같은 성경 저자들이 말로 형용할 수 없는 무언가를 묘사하려 했음을 알 수 있습니다. 인간의 불완전한 말로는 하늘의 완전하고도 거룩한 보좌를 온전히 묘사할 수 없습니다. 본문에 드러나는 전능하신 하나님의 능력을 경외할 수밖에 없는 이유가 바로 이것입니다. 요한이 묘사한 것은 천국을 짐작할 수 있는 단서에 불과합니다.

하나님은 영원하십니다. 우리는 흔히 '영원'이란 '끝이 없는 시간'이라고 생각합니다. 그저 영원히 계속되는 시간 말입니다. 그러나 하나님의 영원하심에는 그 이상의 의미가 있습니다. 하나님이 영원히 살아 계신 것은 확실하지만, 단지 문자적인 의미만은 아닙니다. 하나님의 영원하심은 그분의 본질, 즉 근본적인 속성을 묘사한 것입니다. 하나님은 시간 너머, 시간 밖에 존재하신다는 점에서 영원하십니다.

시간이란 시작과 끝 사이를 측정하는 하나의 방식으로, 사물의 변화 과정을 아는 배경이 됩니다. 그러나 하나님은 시작도 끝도 없으시며, 변하지 않으십니다. 늙거나 피곤하거나 지치시는 일도 없습니다. 하나님은 영원하십니다. 그러므로 우리와는 전적으로 다르십니다. 보좌를 둘러싼 이들은 그분이 "이제도 계시고 전에도 계셨고 장차 오실 이"이심을 선포합니다. 그 선포대로 주님은 항상 존재해 오셨으며, 지금도 존재하시고, 앞으로도 늘 존재하실 것입니다.

하나님이 세상을 창조하셨잖아

하나님은 하나님 되심과 행하신 일로 인해 찬양받기에 합당하십니다.

[9]그 생물들이 보좌에 앉으사 세세토록 살아 계시는 이에게 영광과 존귀와 감사를 돌릴 때에 [10]이십사 장로들이 보좌에 앉으신 이 앞에 엎드려 세세토록 살아 계시는 이에게 경배하고 자기의 관을 보좌 앞에 드리며 이르되 [11]우리 주 하나님이여 영광과 존귀와 권능을 받으시는 것이 합당하오니 주께서 만물을 지으신지라 만물이 주의 뜻대로 있었고 또 지으심을 받았나이다 하더라 (계 4:9~11)

보좌로부터 번개와 음성과 우렛소리를 내시는 하나님을 뵈면, 그 장면이 말로 표현할 수 없을 만큼 강렬하여 엎드려 경배할 수밖에 없게 될 것입니다. 그러나 말씀으로 우리가 아는 모든 것을(알지 못하는 것들까지도) 창조하신 하나님의 권능과 영광을 생각하면, 계속 엎드려 있을 수밖에 없습니다.

우리는 하나님처럼 창조할 능력이 없습니다. 오로지 하나님이 창조하신 것들을 재료 삼아 물체를 만들어 낼 뿐입니다. 생명을 창조할 수 있는 것처럼 생각하지만, 그렇지 않습니다. 남자와 여자가 잉태하는 것은 아이가 창조되는 과정의 일부분입니다. 즉 그들의 유전자가 융합하여 아기의 존재를 이루는 근본적인 부분을 만들어 내는 것입니다. 그러나 궁극적으로 아기를 창조하시는 분은 하나님입니다. 하나님은 생명을 주시는 분이기 때문입니다.

여기서 핵심을 놓쳐서는 안 됩니다. 우리는 하나님의 창조 능력을 이해할 수 없다는 사실입니다. 우리는 눈으로 볼 수 있는 피조물 외에는 어떤 것도 이해할 수 없습니다. 그러나 하나님은 우리가 꿈에나 볼 수 있을 정도로 먼 곳에 별과 행성을 지으셨듯이, 눈으로 볼 수 없는 아원자 입자나 그보다 더 작은 기본 단위도 창조하셨습니다. 우주에서 가장 먼 구석에 있는 가장 큰 별에서부터 가장 작은 원자 단위에 이르기까지, 만물은 하나님의 뜻과 말씀에 따라 존재합니다.

창조의 경이로움을 깨닫고 하나님을 경배한 적이 있나요?

어린양의 피로 우리를 구원하셨네

예수님도 하나님 아버지와 똑같이 찬양과 영광과 경배를 받으십니다.

[1]내가 보매 보좌에 앉으신 이의 오른손에 두루마리가 있으니 안팎으로 썼고 일곱 인으로 봉하였더라 [2]또 보매 힘 있는 천사가 큰 음성으로 외치기를 누가 그 두루마리를 펴며 그 인을 떼기에 합당하냐 하나 [3]하늘 위에나 땅 위에나 땅 아래에 능히 그 두루마리를 펴거나 보거나 할 자가 없더라 [4]그 두루마리를 펴거나 보거나 하기에 합당한 자가 보이지 아니하기로 내가 크게 울었더니 [5]장로 중의 한 사람이 내게 말하되 울지 말라 유대 지파의 사자 다윗의 뿌리가 이겼으니 그 두루마리와 그 일곱 인을 떼시리라 하더라 [6]내가 또 보니 보좌와 네 생물과 장로들 사이에 한 어린양이 서 있는데 일찍이 죽임을 당한 것 같더라 그에게 일곱 뿔과 일곱 눈이 있으니 이 눈들은 온 땅에 보내심을 받은 하나님의 일곱 영이더라 [7]그 어린양이 나아와서 보좌에 앉으신 이의 오른손에서 두루마리를 취하시니라 [8]그 두루마리를 취하시매 네 생물과 이십사 장로들이 그 어린양 앞에 엎드려 각각 거문고와 향

이 가득한 금 대접을 가졌으니 이 향은 성도의 기도들이라 [9]그들이 새 노래를 불러 이르되 두루마리를 가지시고 그 인봉을 떼기에 합당하시도다 일찍이 죽임을 당하사 각 족속과 방언과 백성과 나라 가운데에서 사람들을 피로 사서 하나님께 드리시고 [10]그들로 우리 하나님 앞에서 나라와 제사장들을 삼으셨으니 그들이 땅에서 왕 노릇 하리로다 하더라 (계 5:1~10)

요한은 보좌 옆에 서신 예수님께 주목하면서, 주님을 죽임당한 어린양으로 묘사합니다. 피로 자기 백성을 구원하신 어린양입니다. 이것은 예수님이 우리를 대신하여 십자가에 달려 죽으셨다가 부활하신 일을 묘사하는데, 죽임당한 어린양이 죽어 누워 있지 않고, 멀쩡하게 살아 서 있기 때문입니다. 흠 없는 어린양들이 하나님의 백성의 죄 때문에 희생되는 것을 성경 곳곳에서 볼 수 있지만, 늘 또 다른 희생을 필요로 했습니다(출 12:11~13; 레 4:35). 온전한 용서를 이루기에는 부족했기 때문입니다. 완벽한 제물이 될 어린양이 오실 때까지 자리를 대신할 뿐이었습니다.

완전하신 하나님만이 죄를 용서하실 수 있으며, 완전한 인간만이 불완전한 인간을 대신해 죽을 수 있습니다. 그래서 성자 하나님이 궁극적인 마지막 어린양으로 죽기 위해 인류 역사에 친히 들어오셨습니다. 죽임당한 어린양은 세상 죄를 단번에 없애시는 하나님의 어린양을 가리킵니다(참조, 요 1:29; 히 10:1~18). 예수님은 우리를 죄에서 구원하기 위해 성육신하셔서 죽으신 하나님이기에 찬양 받으셔야 합니다. 주님이 가지신 모든 것이 이제 우리 것이 되었습니다(엡 1:3~14).

알짬 교리 99

예배

예배를 하나의 행사나, 찬양을 부르는 모임 정도로 과소평가하는 사람이 많습니다. 그러나 예배는 심령에 관계된 것으로 삶의 모든 영역으로 확대되는 것입니다. 예배의 목적과 초점은 하나님께 있으며, 하나님께 합당한 찬양과 경배를 드리는 것입니다. 그리스도인은 개인의 삶 가운데서 예배를 드려야 합니다. 그리고 다른 그리스도인들과 함께 모여서도 하나님을 예배하며 그분의 영광을 위해 자기 재능을 사용해야 합니다. 함께 드리는 예배는 그리스도인들의 덕을 세우고 그들을 굳세게 할 뿐만 아니라, 믿지 않는 사람들에게도 하나님의 위대하심을 증거하는 역할을 합니다.

그리스도와의 연결

요한계시록은 어린양으로 죽기 위해 완전한 인간으로 사셨던 하나님의 아들을 영원히 다스리는 분으로 묘사합니다. 주님은 보좌에 앉으신 왕으로서 다스리시고, 영원한 하나님으로서 영원히 다스리십니다. 십자가는 죽은 자와 패배한 인간을 영원한 무덤으로 데려가는 영구차가 아닙니다. 죽음을 깨뜨리시고 무덤에서 살아나신 하나님의 개선 마차입니다.

[11]내가 또 보고 들으매 보좌와 생물들과 장로들을 둘러선 많은 천사의 음성이 있으니 그 수가 만만이요 천천이라 [12]큰 음성으로 이르되 죽임을 당하신 어린양은 능력과 부와 지혜와 힘과 존귀와 영광과 찬송을 받으시기에 합당하도다 하더라 [13]내가 또 들으니 하늘 위에와 땅 위에와 땅 아래와 바다 위에와 또 그 가운데 모든 피조물이 이르되 보좌에 앉으신 이와 어린양에게 찬송과 존귀와 영광과 권능을 세세토록 돌릴지어다 하니 [14]네 생물이 이르되 아멘 하고 장로들은 엎드려 경배하더라 (계 5:11~14)

다시 우리는 보좌 곁에 서신 예수님을 바라봅니다. 권세와 권능의 하나님이신 예수님이 경배받으십니다. 다른 구절에서 쓰인 "존귀와 영광과 찬송"이라는 거룩한 예배에 관한 묘사가 본문에서도 쓰였습니다. 절대로 끝나지 않을 찬송입니다. 이 찬양은 갈수록 엄청나게 고조될 것입니다. 영원토록 말입니다.

> 주님이 '내가 진실로 속히 오리라'라고 말씀하시며 우리를 지지하기 위해 이렇게 말씀하십니다.
> '네가 가진 것을 단단히 붙잡아라. 그러면 아무도 네 면류관을 차지하지 못하리라.'
> 무엇을 단단히 붙잡아야 합니까?
> 주님을 향한 진실한 사랑이라는 것이 분명합니다.
> 만일 끝까지 이것을 위해 노력한다면, 생명의 면류관을 얻게 될 것입니다.
> '승리'라는 상은 참고 견디는 자들을 위한 것입니다.
> 오큐메니우스 Oecumenius

YOUR STORY

하나님이 들려주시는 이야기는 오늘을 사는 나와 늘 연결되어 있습니다. 아래 질문에 답하면서 성경 이야기가 내 이야기와 어떻게 연결되는지 생각해 봅시다.

▶ **찬양할 때 부르는 가사나 느껴지는 감정보다 예배가 더 중요한 이유는 무엇인가요? 찬양으로 드리는 예배는 하나님에 관해 무엇을 말해 주나요?**

찬양 내용에 집중하듯이 음악 스타일에 너무 집중해서는 안 됩니다. 가사 내용이 부족한데도 그저 박진감이 넘친다거나 기분 좋게 들린다는 이유로 찬양곡을 선택해서는 안 됩니다. 그 대신, 우리가 예배하고 있는 하나님이 받으시기에 합당한 찬양을 불러야 합니다 (또한 훌륭한 반주가 뒷받침해 주기를 바랍니다).

▶ **하나님은 누구이시며 어떤 일을 행하셨는가를 찬양하는 노래 중에 가장 좋아하는 곡은 무엇인가요?**

이 질문에 관한 답변은 다양할 것입니다.

▶ **어떻게 하면 찬양으로 예배드리도록 마음을 준비할 수 있을까요?**

마음을 준비할 수 있도록 하나님께 구하며 미리 마음을 정돈하고 기도할 수 있습니다. 주일 아침을 생각하면, 전날 밤에 밖에서 너무 늦게까지 시간을 보내지 않는 것도 좋은 생각입니다. 밤에 숙면을 취하면, 찬양으로 예배에 들어갈 때 신체적으로도 도움이 될 것이기 때문입니다.

▶ **부르는 찬양의 가사가 우리 마음 상태와 일치하는 것이 왜 중요할까요?**

늘 찬양을 통해 마음으로 예배드리도록 노력해야 하기 때문입니다. 말과 행동이 다른 것은 위선적이므로, 말로 표현하는 것을 마음이 느낀다는 사실을 확실히 해야 합니다.

하나님의 이야기
하나님이 그분의 아들 예수 그리스도를 통해 우리를 구속해 주신 이야기

우리의 이야기
우리의 이야기가 하나님의 이야기와 만나는 곳

YOUR MISSION

5~10분

생 각

요한계시록 5장 6절의 경우, 예수님이 하나님의 보좌 가까이에 계시다거나, 보좌에 앉아 계신다고 번역할 수 있습니다. 우리는 하나님 아버지께서 보좌에 앉아 계심을 압니다. 그와 동시에 예수님도 보좌에 앉아 계심을 알 수 있습니다. 예수님이 보좌 '가까이' 또는 '우편에' 서셨다고 해서 하나님 다음으로 2등이신 것은 아닙니다. 사실, 라오디게아 교회에 말씀하실 때에는 '내 보좌'라고 하셨습니다(계 3:21). 저자는 우리가 한 번도 본 적이 없는 무언가를 묘사하고자 했을 것입니다. 같은 보좌에 여럿이 앉을 수 있는 것으로 말입니다. 그러나 아버지와 아들이 보좌에 앉으신 왕으로서 동등하게 경배받기에 합당하심을 우리는 알고 있습니다.

● **모든 사람이 엎드려 경배해야 하는 보좌에 예수님이 앉아 계시다는 사실은 주님의 신성한 지위에 관해 무엇을 깨닫게 하나요?**
태초부터 보아 온 대로 주님은 완전한 하나님이심을 말해 줍니다.

● **예수님의 왕권이 오늘날 우리에게 주는 희망과 위로는 무엇인가요?**
이 질문에 관한 답변은 다양할 것입니다.

마 음

요한계시록 4~5장은 하나님께 드리는 놀라운 경배의 두 가지 이미지를 보여 줍니다. 한편으로는 신비롭고 혼란스러우며, 또 한편으로는 강렬하고 분명한 이미지들입니다. 하나님은 그 행하신 일과 위대하신 존재로 말미암아 경배받기에 합당하십니다. 죽임당했다가 다시 살아나신 하나님의 어린양 예수님 덕분에 우리는 하나님의 임하심 앞에 나아가 예배드릴 수 있습니다. 그러나 이것은 미래 어느 날에야 이루어질 일이 아닙니다. 지금 온 세상이 하나님의 영광을 들을 수 있도록 노래할 때, 이루어지기 시작합니다.

● **예수님이 죽임당하신 어린양이라는 사실을 통해 어떤 생각이나 느낌이 드나요?**
이 질문에 관한 답변은 다양할 것입니다.

● **왜 우리는 이 장면에서 날마다 온 삶으로 주님을 예배할 힘을 얻게 될까요?**
이 질문에 관한 답변은 다양할 것입니다.

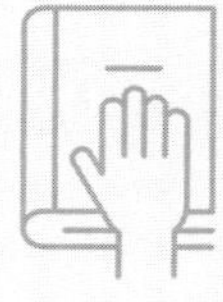

행 동

하나님은 실제로 존재하는 완벽한 하나님이기 때문에 경배받기에 합당하십니다. 그런 이유로 보좌를 둘러선 생물들과 많은 천사와 장로들이 그분을 끝없이 찬양합니다. 어쩔 수 없이 찬양하는 것이 아니라 하나님은 사랑이 많고, 자비롭고, 경이롭고, 영광스러우며 선하시기 때문입니다. 하나님의 속성을 알면 경배할 수밖에 없습니다. 그와 마찬가지로, 자기 삶에서 주님을 만난 사람은 진정한 예배와 찬양을 드릴 수밖에 없게 됩니다.

● **하나님을 올바로 알면 알수록 예배하는 자세는 어떻게 달라질까요?**
하나님과 그분의 성품과 우리를 구원하고 자녀 삼기 위해 행하신 일에 관해 알면 알수록, 당연하게도 주님을 더욱 알기를 원하게 되고 주님께 찬양과 경배를 드리고 싶어집니다.

> 다음 모임까지
> **요한계시록 6~13장을**
> 읽어 보세요.

● **하나님을 예배함으로써 복음 사역이 더 힘을 얻는 이유는 무엇인가요?**
예배가 곧 전도이기 때문입니다. 즉 예배를 드림으로써 다른 사람들에게 하나님을 전할 수 있기 때문입니다.

13

사랑하는 예수님과 영원히 살 거야

요 약

지금까지 성경 이야기를 따라온 여행을 마치며, 이제 예수님이 다시 오셔서 만물이 회복될 그날에 관해 공부할 것입니다. 에덴동산에서 죄와 반역이 망가뜨린 것들을 예수님이 다시 살리셔서 새롭게 하실 것입니다. 예수님은 모든 것을 새롭게 하시고 믿는 자들에게서 믿지 않는 자들을 분리시키실 것입니다. 그리스도를 믿지 않는 사람들은 심판을 받을 것이나 믿는 사람은 피조 세계에서 하나님의 계획에 따라 그분의 사랑의 통치 가운데 영원히 하나님과 함께 살 것입니다.

성 경

요한계시록 21장 1~8절; 22장 1~5절, 8~15절

HIS STORY

포 인 트   하나님은 만물을 새롭게 하시겠다는 주님의 약속에 따라 살라고 하신다.

등 장 인 물   요한(야고보의 형제, 예수님의 열두 제자 가운데 한 명, 요한복음과 요한일이삼서와 요한계시록의 저자)

메시지 좌표   성경 이야기를 따라온 우리 여정이 요한계시록에서 마무리됩니다. 다루어야 할 더 자세한 정보와 탐구해야 할 더 많은 이야기와 연구해야 할 더 많은 인물이 있었지만, 우리는 과마다 전체 이야기의 주인공이신 예수님을 강조하며 성경의 큰 줄기를 따라왔습니다. 언젠가 모든 사람이 보게 될 하나님의 이야기가 어떻게 펼쳐질지 미리 엿보면서, 장차 만물을 새롭게 하실 예수님의 영광을 다시 한 번 조명해 보겠습니다.

도 입 5~10분

요한계시록은 그리스도 예수 안에서 우리가 갖는 참되고 영속적인 소망에 관한 책입니다. 소름 끼치는 장면이나 이미지가 있지만, 그것이 초점은 아닙니다. 세상에 임할 하나님의 심판을 무시할 수 없습니다. 하지만 궁극적으로 그에 관한 책은 아닙니다. 요한계시록은 예수 그리스도의 재림에 관한 책입니다. 예수님은 결국 승리하실 것이며 우리 또한 그럴 것입니다. 예수님은 만물을 새롭게 하기 위해 다시 오실 것입니다. 그분은 모든 눈물을 그 눈에서 닦아 주실 것이며 죽음을 완전히 끝장내실 것입니다. 그리고 우리는 주님과 영원히 함께할 것입니다.

▶ 영원한 세상을 생각할 때, 가장 기대되는 것은 무엇인가요?

승리의 하나님이 만물을 회복시켜 주셔야 합니다. 죄 때문에 인간은 하나님과 멀어졌고, 한때 질서정연했던 세상이 혼란에 빠졌으며, 피조 세계가 황폐해졌습니다. 그러나 계속 그 상태로 있지 않을 것입니다. 선한 재판관이신 하나님이 악인을 벌하실 것이며, 인류 역사상 유일하게 죄가 없으신 인자에게 상을 주실 것입니다. 그리고 죄 없으신 예수님의 십자가 희생으로 말미암아 우리는 거룩하신 재판관께 용서받아 그리스도와 함께 서게 될 것입니다. 하나님은 예수님을 보내실 정도로 자기 백성을 사랑하십니다. 하나님은 죄 가운데 우리를 버려두지 않으시고, 그분과 영원토록 함께할 수 있도록 그리스도와 성령님을 통해 일하고 계십니다. 이것이 바로 우리를 향하신 하나님의 계획입니다. 그리고 요한계시록의 이야기이자 예수 그리스도의 이야기입니다. 이것이야말로 복음입니다.

만물을 새롭게 하실 거야

가스펠 프로젝트 구약1 《위대한 시작》에서 창세기를 공부하면서, 인간은 하나님의 형상으로 창조되었다는 사실을 배웠습니다. 물론, 우리는 실제로 하나님에게서 멀어졌지만, 여전히 하나님을 닮아 있습니다. 요한계시록 공부를 마무리하면서, 우리는 하나님이 어떻게 만물을 새롭게 하시고, 우리로 하여금 하나님의 형상을 회복하여 하나님과의 관계를 온전히 회복하게 하시는지를 배웁니다.

¹또 내가 새 하늘과 새 땅을 보니 처음 하늘과 처음 땅이 없어졌고 바다도 다시 있지 않더라 ²또 내가 보매 거룩한 성 새 예루살렘이 하나님께로부터 하늘에서 내려오니 그 준비한 것이 신부가 남편을 위하여 단장한 것 같더라 ³내가 들으니 보좌에서 큰 음성이 나서 이르되 보라 하나님의 장막이 사람들과 함께 있으매 하나님이 그들과 함께 계시리니 그들은 하나님의 백성이 되고 하나님은 친히 그들과 함께 계셔서 ⁴모든 눈물을 그 눈에서 닦아 주시니 다시는 사망이 없고 애통하는 것이나 곡하는 것이나 아픈 것이 다시 있지 아니하리니 처음 것들이 다 지나갔음이러라 ⁵보좌에 앉으신 이가 이르시되 보라 내가 만물을 새롭게 하노라 하시고 또 이르시되 이 말은 신실하고 참되니 기록하라 하시고(계 21:1~5)

창세기에서 배운 것을 기억해 보십시오. 하와가 남편 아담과 함께 영원한 자유를 열매에 담긴 불순종과 맞바꾸었습니다. 사탄은 그들을 속여 거짓말을 믿게 만들었고, 그들은 하나님의 명령에 반역하게 되었습니다. 결과적으로 모든 관계가 깨어져 버렸습니다. 우리와 다른 피조물과의 관계가 깨졌고, 피조물들 사이가 깨졌으며, 최악인 것은 우리와 하나님의 관계가 깨졌다는 것입니다. 오직 완전한 사람, 곧 메시아만이 하나님의 형상과 손상된 인간성을 구속하고 회복하실 수 있습니다. 언젠가 메시아로 오신 왕께서 아담과 하와가 다스리도록 되어 있던 세상을 친히 다스리실 것입니다(렘 3:15; 슥 9:9~13).

하나님은 에덴동산에서 잃어버린 것을 복원하고 재정립하시기 위해 한 가지 일을 계속해 오셨습니다. 바로 아담과 하와가 타락한 후에 하나님이 약속하신 일입니다. 우리는 구약에서부터 신약에까지 하나님이 하신 일을 봐 왔습니다. 아담과 하와가 죄지은 일과 하나님의 아들이 성육신하신 일과 예수님이 온 우주의 보좌에 앉으신 일과 우리에게 성령을 보내신 일 등 과거 일을 알면, 하나님이 만물을 왜 그리고 어떻게 새롭게 하시는지를 이해할 수 있습니다. 거기에 더해, 영원한 세계를 생각하며 오늘을 사는 것이 왜 중요한지도 이해하게 됩니다. 만물이 깨어졌지만, 언젠가 하나님이 모든 것을 새롭게 하실 것입니다.

깨어진 세상이 떠안게 된 죄의 결과를 경험해 본 적이 있나요?

예수님이 믿는 자와 믿지 않는 자를 나누실 거야

하나님은 선하고 자비로우며 정의로우시므로, 언젠가는 죄와 악과 죽음을 다 없애시고, 피조 세계에서 불경건한 것들을 뿌리 뽑으실 것입니다. 그리고 우리는 죄에 빠질 두려움이나 질병과 전쟁으로 사랑하는 사람을 잃을 걱정 없이 하나님과 영원히 함께할 것입니다. 요한계시록의 마지막 부분은 우리에게 다음과 같은 사실을 분명히 보여 줍니다.

6또 내게 말씀하시되 이루었도다 나는 알파와 오메가요 처음과 마지막이라 내가 생명수 샘물을 목마른 자에게 값없이 주리니 7이기는 자는 이것들을 상속으로 받으리라 나는 그의 하나님이 되고 그는 내 아들이 되리라 8그러나 두려워하는 자들과 믿지 아니하는 자들과 흉악한 자들과 살인자들과 음행하는 자들과 점술가들과 우상 숭배자들과 거짓말하는 모든 자들은 불과 유황으로 타는 못에 던져지리니 이것이 둘째 사망이라(계 21:6~8)

8이것들을 보고 들은 자는 나 요한이니 내가 듣고 볼 때에 이 일을 내게 보이던 천사의 발 앞에 경배하려고 엎드렸더니 9그가 내게 말하기를 나는 너와 네 형제 선지자들과 또 이 두루마리의 말을 지키는 자들과 함께 된 종이니 그리하지 말고 하나님께 경배하라 하더라 10또 내게 말하되 이 두루마리의 예언의 말씀을 인봉하지 말라 때가 가까우니라 11불의를 행하는 자는 그대로 불의를 행하고 더러운 자는 그대로 더럽고 의로운 자는 그대로 의를 행하고 거룩한 자는 그대로 거룩하게 하라 12보라 내가 속히 오리니 내가 줄 상이 내게 있어 각 사람에게 그가 행한 대로 갚아 주리라 13나는 알파와 오메가요 처음과 마지막이요 시작과 마침이라 14자기 두루마기를 빠는 자들은 복이 있으니 이는 그들이 생명나무에 나아가며 문들을 통하여 성에 들어갈 권세를 받으려 함이로다 15개들과 점술가들과 음행하는 자들과 살인자들과 우상 숭배자들과 및 거짓말을 좋아하며 지어내는 자는 다 성 밖에 있으리라(계 22:8~15)

그리스도께서 믿는 자들과 믿지 않는 자들을 영원히 나누실 것을 생각하면, 무시무시한 죽음에 관해 생각하지 않을 수가 없습니다. 죽음은 피할 수 없고, 결코 쉬운 일도 아닙니다. 사랑하는 사람이 죽으리라는 걸 알았더라도, 심지어 오래 투병했더라도, 막상 죽음이 닥치면 트럭에 치인 기분일 것입니다. 그래서 우리는 말씀에 몰두하고, 기도합니다. 공동체에서 다른 믿는 자들의 위안을 얻기도 합니다. 또는 그와 같이 자기 영혼을 달랠 다른 방법을 찾아내기도 합니다. 즉 현실을 부정하거나 무관심하거나 다른 몰두할 수 있는 것을 찾습니다. 사랑하는 사람의 죽음은 감당하기에 너무나 고통스럽습니다. 심지어 그가 그리스도를 믿었고, 지금은 주님과 함께 있음을 안다고 해도 말입니다.

예수님이 믿는 자와 믿지 않는 자를 가르시고, 믿지 않는 자들을 영원한 고통 가운데 던지시어 모든 선한 것과 하나님에게서 영원히 분리시키신다고 생각하면, 공포에 떨게 됩니다. 우리는 그에 관해 생각하고 싶어 하지 않습니다. 그래서 우리는 육체적인 죽음을 대하는 방식을 그대로 사용합니다. 부인하거나 생각을 떼어 놓거나 주의를 딴 데로 돌리곤 합니다.

사랑하는 사람들과 영원히 분리된다고 생각하면 마음이 아플 수밖에 없습니다. 영원한 분리는 사랑하기 어려운 사람이나 심지어 알지 못하는 사람과의 이별조차도, 우리를 비통하게 합니다. 우리는 하나님의 공의와 선하심을 믿습니다. 그리고 어떤 죄든 심판받아 마땅하다는 것을 압니다. 심지어 우리도 예외는 아닙니다. 그러나 우리는 그날을 진지하게 바라봐야 합니다. 예수님에 관한 복음, 즉 소망의 복음을 믿지 않는 세상에 전하는 데 일생을 바칠 때, 그렇게 할 수 있습니다. 복음 전도는 우리가 하나님의 임하심 앞에서 버려지는 사람이 되지 않을 유일한 이유이기도 합니다.

우리는 예수님이 다스리시는 나라에서 영원히 살 거야

"세세토록"(5절)은 매우 긴 시간임에 분명합니다. 사실, 성경에서 말하는 "세세토록"은 시간을 초월한 개념입니다. "세세토록"이란 어느 정도는 '시간이 아닌 무언가'를 의미합니다. 이것이 바로 요한계시록이 약속한 '영원'입니다.

[1]또 그가 수정같이 맑은 생명수의 강을 내게 보이니 하나님과 및 어린양의 보좌로부터 나와서 [2]길 가운데로 흐르더라 강 좌우에 생명나무가 있어 열두 가지 열매를 맺되 달마다 그 열매를 맺고 그 나무 잎사귀들은 만국을 치료하기 위하여 있더라 [3]다시 저주가 없으며 하나님과 그 어린양의 보좌가 그 가운데에 있으리니 그의 종들이 그를 섬기며 [4]그의 얼굴을 볼 터이요 그의 이름도 그들의 이마에 있으리라 [5]다시 밤이 없겠고 등불과 햇빛이 쓸데없으니 이는 주 하나님이 그들에게 비치심이라 그들이 세세토록 왕 노릇 하리로다(계 22:1~5)

예수님은 하나님의 뜻이 "하늘에서 이루어진 것같이 땅에서도 이루어지이다"라고 기도하셨습니다(마 6:11). 이것이 바로 에덴의 현실이었습니다. 하나님은 자기 백성과 함께 거니셨습니다. 하나님과 인간 사이에는 어떤 장벽도 없었습니다. 죄 때문에 관계가 깨어지자 이것을 바로잡기 위해 예수님이 인간의 역사 가운데 들어오셨습니다. 그래서 예수님이 하늘과 땅이 만나기를 기도하셨을 때, 이것은 시적인 기도라기보다는 우주를 변화시키는 중요한 선포가 되었던 것입니다. 예수님은 요한계시록 21~22장에 기록된 새 하늘과 새 땅의 시작을 위해 기도하고 계셨습니다. 그곳에서 사탄과 죄는 패하고 하나님의 백성들은 다시금 주님과 함께 거하게 될 것입니다.

우리 소망은 언젠가 이 땅을 벗어나 천국 어딘가에서 사는 것이 아닙니다. 우리는 그런 목적으로 지어지지 않았습니다. 우리는 이 땅에서 살도록 지어졌습니다. 그러나 지금처럼 땅을 경험하며 사는 방식은 아닙니다. 우리는 하늘과 땅이 결합되는 어딘가에서 살도록 되어 있었습니다. 만일 우리가 세상 밖으로 영원히 내쫓겼다면, 그것은 사탄이 적어도 부분적인 성공을 거두었다는 뜻이며 하나님은 실패하셨으니 차선책을 찾아내셔야 한다는 뜻이 됩니다. 그러나 하나님은 주권적이시며 선하시며 모든 일을 자기 영광과 우리 유익을 위해 행하십니다(롬 8:28). 그러므로 언젠가는 에덴동산이 완벽하게 회복될 텐데, 오히려 이전보다 더 좋아질 것입니다. 결국, 세상은 제 모습을 찾을 것입니다. 세상에는 하나님의 형상을 닮은 자들로 가득할 것이며, 그들은 영광스러운 하나님의 빛을 영원히 누릴 것입니다. 이것은 두려워할 일이 아니라 기뻐할 일입니다.

이렇게 이야기는 다시 원점으로 돌아옵니다. 하나님이 시작하신 일은 하나님이 끝내실 것입니다. 하나님은 만물을 선하게 창조하셨고, 주권으로 다스리시는 피조물 가운데 사람을 으뜸으로 지으셨으며, 사람으로 하여금 하나님과 또 서로와 사귀게 하셨고, 하나님의 영광을 위해 일과 휴식의 리듬을 즐기게 하셨습니다. 이와 거의 똑같은 방식으로 끝내실 테지만, 사실 시작보다 끝이 훨씬 더 좋을 것입니다.

지금까지 성경을 공부하는 동안, 우리는 하나님의 영광이 점점 더 깊어지고 점점 더 분명해지는 것을 계속해서 보아 왔습니다. 하나님은 우리가 하나님을 거역함으로써 망쳤던 것들을 예수 그리스도 안에서 구속해 주셨습니다. 예수님은 언젠가 다시 오셔서 만물을 원래대로 회복해 주실 것입니다. 우리를 죄에서 구원하고자 추적하시는 하나님은 마지막 날까지 계속해서 사람들을 추적하실 것입니다.

알짬 교리 **99**

새 하늘과 새 땅

그리스도께서 재림하시고 하나님의 자녀가 누구인지 드러날 때 피조 세계가 새로워질 것입니다. 그리스도인들이 장차 받게 될 부활의 몸처럼 세상도 그와 비슷한 변화를 겪게 될 것입니다. 그래서 성경은 그것을 새 하늘과 새 땅으로 묘사합니다(벧후 3:13). 성경은 새 땅을 거룩한 성(계 21:10~11, 21~26)이요 먹고 마시기도 하는 물리적인 장소(눅 22:18; 계 19:9)로 묘사하고 있습니다. 무엇보다도 그날에는 그리스도께서 모든 것이 되실 것이고, 만물 안에 계실 것입니다. 또한 우리는 주님을 대면해 뵐 것입니다.

그리스도와의 연결

그리스도께서 약속을 성취하고, 그분의 백성과 함께 영원히 다스리기 위해 돌아오실 때, 이 시대가 끝날 것입니다. 에덴동산에서 아담이 죄를 지음으로써 멀어졌던 관계가 에덴이 모습을 드러내고 예수님이 모든 눈물을 그 눈에서 닦아 주실 때 영광스럽게 회복될 것입니다. 하나님이 만드실 새 세상에 들어가려면, 우리를 구원하고자 흘리신 어린양의 피로 정결하게 되어야 합니다.

YOUR STORY

하나님이 들려주시는 이야기는 오늘을 사는 나와 늘 연결되어 있습니다. 아래 질문에 답하면서 성경 이야기가 내 이야기와 어떻게 연결되는지 생각해 봅시다.

▶ 에덴동산에서 아담과 하와가 그랬던 것처럼 사람들이 하나님처럼 되려고 애쓰는 모습에는 어떤 것이 있나요?
이 질문에 관한 답변은 다양할 것입니다.

▶ 어떻게 하면 공동체와 학교와 가정과 세상에서 하나님의 형상을 드러낼 수 있을까요?
우리 주위의 사람들도 하나님의 형상임을 기억하면서 그 사실에 맞게 그들을 대우해 주어야 합니다. 다시 말해서, 모든 사람이 하나님의 형상대로 지음받았으므로, 그 존엄성과 가치와 중요성을 인정해야 합니다.

▶ 만물을 회복하시겠다는 예수님의 약속이 오늘날 우리의 생활 방식에 어떤 영향을 미치고 있나요?
회복 과정의 일부가 되고자 하는 동기를 부여하고, 지금도 우리에게 소망을 줍니다.

▶ 새 하늘과 새 땅에서의 삶은 어떤 모습일까요? 상상해 보세요.
이 질문에 관한 답변은 다양할 것입니다.

하나님의 이야기
하나님이 그분의 아들
예수 그리스도를 통해
우리를 구속해 주신 이야기

우리의 이야기
우리의 이야기가
하나님의 이야기와
만나는 곳

YOUR MISSION

생 각

하나님은 생명이십니다. 하나님은 아담과 하와가 죄를 짓자마자 죽게 하지 않으셨습니다. 에덴동산에서 추방당해 죽을 수도 있었지만, 은혜로우신 하나님은 그들에게 옷을 지어 입혀 주셨습니다(창 3:21). 예수님이 죽음에서 부활하시자, 마지막 날에 주님의 백성이 주님과 함께 살아나리라는 약속이 보장되었습니다. 하나님은 공의롭고 선한 재판관이시므로 모든 사람이 부활할 것입니다.

- 죽을 수밖에 없다는 사실을 여러분은 복음을 통해 어떻게 이해하며, 어떤 위로를 받고 있나요?
  이 질문에 관한 답변은 다양할 것입니다.

- 이번 과의 성경 본문은 죽음에 관한 하나님의 관점이 무엇이라고 알려 주나요?
  분명히 하나님은 죽음을 하나님 백성의 적으로 보십니다. 하지만 예수님이 죽임당하시고 부활하심으로써 죽음은 이미 정복되었습니다.

마 음

우리는 육체의 죽음을 애도해야 합니다. 그리고 두 번째 죽음도 슬퍼해야 합니다. 그러나 그리스도 안에 있는 사람들에게 죽음은 예수님의 다시 오심을 기다리는 이유가 됩니다. 그렇습니다. 애도하는 것은 합당하며, 애도해도 됩니다. 하지만 소망이 없는 사람들이 하듯 애도해서는 안 됩니다(살전 4:13). 죽음은 마지막이 아닙니다. 그리스도를 사랑하는 사람들에게는 말입니다.

- 믿는 사람은 왜 사랑하는 사람의 죽음을 절망적으로 슬퍼하면 안 될까요?
  우리는 죽음이 끝이 아님을 알기에 애도 기간에도 소망을 품을 수 있어야 합니다.

- 장차 있을 그리스도 안에서의 부활은 오늘날 삶의 도전에 맞서는 우리에게 어떤 소망을 주나요?
  이 질문에 관한 답변은 다양할 것입니다.

행 동

지금까지 살펴본 대로, 그리스도께서 행하셨고 또 언젠가 행하실 일에 우리의 소망이 있습니다. 우리는 예수 그리스도의 구원 사역으로 말미암은 구원을 믿으며 안도합니다. 만물이 계속해서 허물어져 갈지라도, 우리는 다시 오셔서 만물을 회복하실 예수님께 소망을 둡니다. 그러나 그때까지 앉아서 기다리지만은 않습니다. 우리는 온 세상에 복음을 전하시는 하나님의 사명에 동참합니다. 우리에게는 소망이 있고, 모든 사람에게 그 소망을 전해야 합니다.

- 장차 예수님이 만물을 회복해 주시리라는 사실이 오늘날 다른 사람들과 관계를 형성하는 데 어떤 영향을 미치나요?
  이 질문에 관한 답변은 다양할 것입니다.

- 지금까지 성경 이야기를 모두 살펴봤습니다. 이번 주에 누구에게 이 이야기를 전해 주고 싶나요?
  이 질문에 관한 답변은 다양할 것입니다.

다음 모임까지
요한계시록 14~22장을
읽어 보세요.

주요 인물

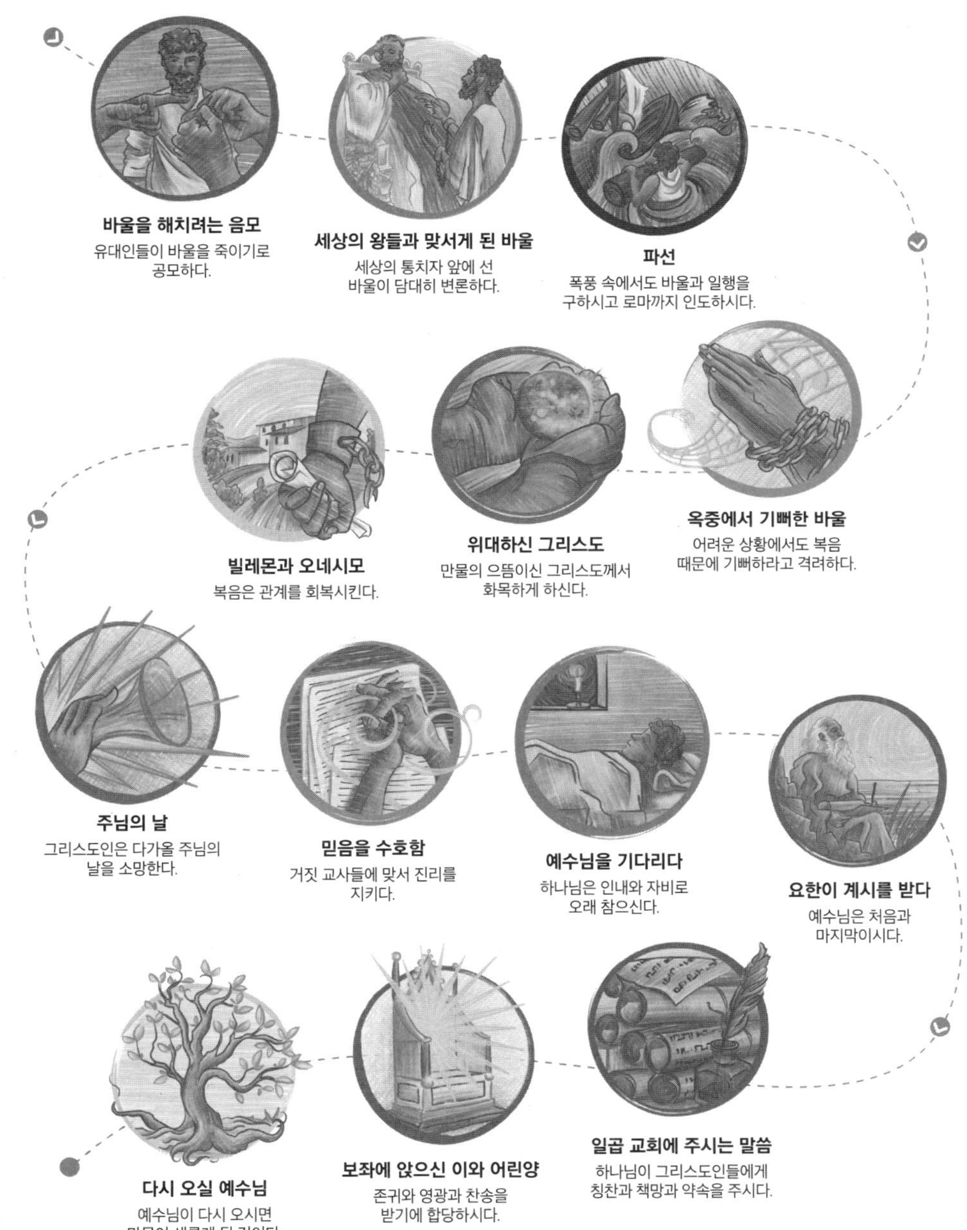

바울을 해치려는 음모
유대인들이 바울을 죽이기로
공모하다.

세상의 왕들과 맞서게 된 바울
세상의 통치자 앞에 선
바울이 담대히 변론하다.

파선
폭풍 속에서도 바울과 일행을
구하시고 로마까지 인도하시다.

빌레몬과 오네시모
복음은 관계를 회복시킨다.

위대하신 그리스도
만물의 으뜸이신 그리스도께서
화목하게 하신다.

옥중에서 기뻐한 바울
어려운 상황에서도 복음
때문에 기뻐하라고 격려하다.

주님의 날
그리스도인은 다가올 주님의
날을 소망한다.

믿음을 수호함
거짓 교사들에 맞서 진리를
지키다.

예수님을 기다리다
하나님은 인내와 자비로
오래 참으신다.

요한이 계시를 받다
예수님은 처음과
마지막이시다.

다시 오실 예수님
예수님이 다시 오시면
만물이 새롭게 될 것이다.

보좌에 앉으신 이와 어린양
존귀와 영광과 찬송을
받기에 합당하시다.

일곱 교회에 주시는 말씀
하나님이 그리스도인들에게
칭찬과 책망과 약속을 주시다.

주요 인물

바울

바울은 초대교회를 박해하고 교회 형성을 방해했던 인물이나, 부활하신 그리스도를 만나 완전히 변화되었습니다 (행 9장). 그는 초대교회의 첫 번째 이방인 선교사가 되어 복음 선교를 이끌었습니다.

빌레몬과 오네시모

빌레몬의 노예 오네시모가 도망쳤습니다. 그러자 바울은 그들의 관계가 복음으로 회복되기를 바라면서 빌레몬에게 오네시모를 노예가 아닌 그리스도 안에서 형제로 받아들일 것을 권면했습니다.

벨릭스

벨릭스는 로마 제국의 파견을 받은 유대 총독으로, 바울이 유대인들에게 체포되어 넘겨질 때 맨 처음으로 그와 대면했습니다.

유다

유다는 예수님의 형제이고, 거짓 교사들 때문에 어려움에 처한 교회를 위해 유다서를 썼습니다. 그리스도 안에서 복음의 진리와 하나님의 사랑을 이해해야만 교회를 분열시키려는 자들에게 굳건히 대항할 수 있습니다.

베스도

베스도는 벨릭스 총독의 뒤를 이어 유대 총독이 되었습니다. 바울은 베스도 앞에서 자신의 사건에 대해 변론하고, 자신을 예루살렘 대신 가이사에게 보내 달라고 분명히 요구했습니다.

베드로

베드로는 안드레의 형제이고 어부이고 원래 이름은 시몬입니다. 그런데 예수님을 메시아라고 고백한 후 베드로라는 이름을 받았습니다 (마 16:16~19). 유대인의 사도로 알려졌으며, 베드로전후서의 저자입니다.

아그립바왕

아그립바는 헤롯왕(아기 예수를 죽이고자 두 살 이하 남아를 죽이라고 명령했던 왕)의 증손자입니다. 다른 통치자들처럼, 바울의 변론을 들은 후 그의 무죄를 믿었습니다.

요한

요한은 야고보의 동생이고, '사랑받는 제자'로 알려졌습니다. 그는 요한복음, 요한일서, 요한이서, 요한삼서, 요한계시록을 썼습니다.

만물이 새롭게 되다

하나님의 사람	하나님의 장소	하나님의 경륜
아담과 하와	에덴동산	하나님의 명령

아담과 하와가 죄를 지어 에덴동산에서 추방당함

하나님의 사람	하나님의 장소	하나님의 경륜
아브라함	가나안	아브라함에게 주신 언약
모세와 이스라엘	약속의 땅	모세에게 주신 언약
왕정 국가와 이스라엘	약속의 땅	모세 언약, 다윗의 통치

이스라엘이 죄를 지어 약속의 땅에서 추방당함

하나님의 사람	하나님의 장소	하나님의 경륜
예언된 신실한 남은 자	회복된 땅의 예언	예언 받은 새 언약

예수 그리스도의 순종하심으로 새로운 언약이 시작됨

하나님의 사람	하나님의 장소	하나님의 경륜
그리스도인, 그리스도 안에 있는 사람들	새 하늘과 새 땅, 그리스도와 함께하는 새 예루살렘	새 언약, 그리스도의 통치

부록 4

요한계시록의 일곱 교회

교회	칭찬	책망	도전	"이기는 자에게" 약속
에베소 교회 (2:1~7)	올바른 신학을 갖고, 믿음을 지키며, 바르게 살아감	처음 사랑을 버림	얼마나 멀리 떨어졌는지를 기억하고, 회개해 처음 행위를 가질 것	예수님이 낙원에 있는 생명나무의 열매를 주어 먹게 하실 것임
서머나 교회 (2:8~11)	환난과 궁핍을 부요한 믿음으로 견뎌 냄	없음	고난을 두려워하지 말고 죽기까지 충성할 것	생명의 면류관을 주어 결코 두 번째 사망의 해를 받지 않게 하실 것임
버가모 교회 (2:12~17)	박해에도 불구하고 예수님 안에서 믿음을 저버리지 않고, 예수 그리스도의 이름을 지킴	어떤 이들은 거짓 가르침을 붙잡고 부도덕하게 살아감	회개할 것	예수님이 숨겨진 만나와 새로운 이름을 새긴 흰 돌을 주실 것임
두아디라 교회 (2:18~29)	사랑, 신실함, 섬김, 인내, 처음 행위보다 나중 행위가 더 많음	방탕한 삶을 부추기는 거짓 선지자와 거짓 교사를 묵인함	음행을 회개할 것. 이 교훈을 받지 않은 자들은 그분이 오실 때까지 그들이 가진 것을 굳게 붙잡을 것	예수님이 아버지께 받은 것같이 만국을 다스리는 권세와 새벽 별을 주실 것임
사데 교회 (3:1~6)	몇몇 사람들이 그들의 옷을 더럽히지 않음	살았다는 이름은 가졌으나 실상은 죽은 자임	그 남은 바 죽게 된 것을 일깨어 굳건하게 할 것. 어떻게 받았으며 어떻게 들었는지 생각하고 지켜 회개할 것	흰옷을 입고 그 이름을 생명책에서 결코 지우지 않으실 것이며, 아버지와 천사들 앞에서 예수님이 그를 인정해 주실 것임
빌라델비아 교회 (3:7~13)	예수님의 말씀을 지키며, 그분의 이름을 배반하지 않고 인내함	없음	가진 것을 굳게 잡아 아무도 면류관을 빼앗지 못하게 할 것	하나님의 성전에 기둥이 되게 하실 것이며, 예수님이 하나님의 성의 이름과 주님의 새 이름을 그 위에 기록하실 것임
라오디게아 교회 (3:14~22)	없음	신앙이 차지도 뜨겁지도 않고 미지근함. 자기중심적이고 기만적임	예수님께 집중하고 열심을 내어 회개할 것	예수님이 이기고 아버지의 보좌에 함께 앉으신 것같이 그를 예수님의 보좌에 함께 앉게 해 주실 것임